KB251989

14살의 CEO 수업

14짤 경영학이 알고 싶어졌습니다
마케팅부터 인사조직, 회계와 재무까지
14살의 CEO 수업
천성용 · 전정호 · 김상헌 · 김병모
지음
한국경제신문

14살, 세상을 이해하고
나를 경영하는 첫 수업

여러분, 혹시 '경영학'이라는 말을 들어본 적이 있나요?

많은 사람들이 경영학을 회사 사장님이나 대기업 직원들만 필요로 하는 어려운 학문이라고 생각합니다. 하지만 사실 경영학은 우리가 살아가는 거의 모든 순간과 이어져 있습니다. 친구들과 뭘 하고 놀지 결정할 때도, 학급 회장 선거에 나갈 때도, 앞으로 직업을 고를 때도 결국은 '선택'과 '경쟁' 속에서 다른 사람의 마음을 얻어야 하죠. 이 과정에서 가능한 한 적은 자원으로 가장 큰 효과를 내는 '효율성'까지 고민해야 합니다. 이렇게 사람의 마음을 얻는 과정, 그리고 한정된 시간과 에너지를 가장 알맞게 쓰는 방법, 이것이 바로 경영학이 다루는 핵심 문제입니다.

14살에 경영학을 배우는 것이 어떤 의미가 있을까요?

첫째, 경영학은 세상을 보는 눈을 넓혀줍니다. 왜 어떤 브랜드는 사람들의 사랑을 받고, 어떤 기업은 사라지는지, 우리는 왜 특정 제품을 선택하는지 이해할 수 있게 도와주죠.

둘째, 경영학은 인간관계를 풀어내는 지혜를 줍니다. 마케팅은 소비자의 마음을 이해하는 학문입니다. 또 인사조직과 관련된 공부는 사람들의 마음을 움직이는 방법을 알려줍니다. 이는 친구 관계, 학급 활동, 나아가 가족과의 소통에도 도움이 됩니다.

셋째, 경영학은 자신의 인생을 설계하는 힘을 길러줍니다. 돈을 벌고 쓰는 문제뿐 아니라 자신의 가치를 표현하고, 원하는 미래를 선택하는 과정에서 경영학적 사고는 꼭 필요합니다.

이 책은 두 친구가 경영학부 교수님들을 찾아다니며 경영학의 세계를 하나씩 배워가는 이야기 형식으로 이루어져 있습니다. 1부에서는 소비자의 선택과 기업 간 경쟁 속에 숨어 있는 마케팅 원리를 다루고, 2부에서는 인사조직을 통해 사람들의 마음을 움직이는 방법을 배웁니다. 이어서 3부에서는 회계, 4부에서는 재무를 통해 숫자를 다루는 방법을 재미있게 알아갑니다.

이 책은 여러분이 살아가며 마주할 수많은 선택의 순간에 도움을 줄 것입니다. 여러분이 이 책을 통해 세상을 보는 새로운 시각을 얻고, 더 당당하고 현명한 자신으로 자라나길 바랍니다.

등장인물 소개

오바른: 단비중학교 1학년 3반 회장. 매우 성실하고 공부도 잘하는 전형적인 모범생. 중학생답지 않게 아는 것이 많다. 똑똑한 만큼 가끔 잘난 척하는 경향이 있지만, 워낙 모범생이라 미워할 수 없다. 나대로와 베스트프렌드.

나대로: 오바른과 같은 단비중학교 1학년 3반. 천 교수의 조카. 조금 산만하고 덜렁대는 전형적인 중학생. 창의적이고 똑똑해 가끔 번뜩이는 아이디어로 주위를 놀라게 한다.

천 교수: 경영학과 마케팅 전공 교수. 나대로 학생의 외삼촌. 평소에는 집에서 잠옷을 입고 누워 있는 것을 좋아하지만, 학교에서는 교수처럼 꽤 그럴듯하게 행동한다. 마케팅 교수답게 가끔은 좋은 아이디어도 제시한다. 평소 학생들에게 질문하며 수업하는 것을 좋아한다.

14살의 CEO 수업

전 교수: 경영학과 인사조직 전공 교수. 다혈질이어서 울컥할 때가 종종 있다. 젊을 때는 학생들에게 화를 내기도 했지만, 지금은 건강을 염려해 자제하는 편이다. 수업 시간에 인사조직 관련 영화를 소개해 학생들의 흥미를 높인다.

헌 교수: 경영학과 회계 전공 교수. 숫자를 다뤄 꼼꼼할 것 같지만, 실제로는 계산하는 것을 싫어하고 허당기가 많다. 최근에는 중요한 회의에 참석해 반대 의견 내는 것을 즐겨한다. 수업 시간에는 돈보다 건강을 강조하는 건강 염려남이다.

모 교수: 경영학과 재무 전공 교수. 평소 무표정하고 무관심해 보이지만, 속으로는 학생들을 진심으로 좋아하고 응원한다. 수업 시간에 아재 개그를 종종 시도하나 번번이 실패하고 뒤돌아서 후회하는 소심남이다.

경영학과의 첫 만남

호기심이 많은, 단비중학교 1학년 3반 회장 오바른 학생. 어느 날, 같은 반 친구인 나대로의 외삼촌이 대학에서 경영학을 가르친다는 사실을 알게 된다. 도대체 경영학은 뭘 배우는 학문일까? 너무 궁금해진 바른은 대로와 함께 외삼촌이 근무한다는 대학교에 직접 찾아가보기로 한다.

오바른: 선생님, 안녕하세요. 단비중학교 1학년 3반 오바른이라고 합니다. 대로 친구예요. 경영학이 뭔지, 뭘 배우는지 알고 싶어서 찾아왔습니다.

천 교수: 경영학이 뭘 배우는 학문인지 궁금하다고? 특별히 어떤

분야에 관심이 있는데? 마케팅? 인사조직? 회계? 재무?

나대로: 아니요. 경영학이 뭘 배우는 학문이냐고요.

천 교수: 그래, 그러니까 경영학 중에서도 어떤 분야에 관심이 있는데?

나대로: 그게 도대체 무슨 말이에요? 경영학은 그냥 경영학 아닌가요?

천 교수: 아 이런, 어디서부터 설명해야 하지? 사실 나도 너희 같은 중학생에게 경영학을 설명하는 건 처음이라서 말이야. 음, 일단 경영학 안에는 여러 가지 분야가 있단다.

회사가 잘 돌아가려면 여러 기능들이 필요하겠지? 경영학은 이 모든 기능을 전문적으로, 그리고 아주 세부적으로 공부하는 학문이란다. 이게 바로 경영학의 매력이기도 하지.

자, 어디부터 시작해볼까? 내 전공인 마케팅부터 얘기해볼까?

학생들: 네, 선생님. 아니, 네, 교수님!

2부
사람의 마음을 움직일 수 있을까? _ 인사조직 (전정호)

3부
숫자가 말해주는 비밀은? _ 회계 (김상헌)

4부
돈은 어디서 오고 어디로 갈까? _ 재무 (김병모)

마케팅

인사조직

회계

재무

1부

왜 자꾸 사고 싶어질까?

_ 마케팅

1.

마케팅이란 무엇인가

천 교수: 여러분, 마케팅의 세계에 오신 것을 환영합니다.

나대로: 마케팅의 세계에 오신 것을 환영한다니……. 너무 올드한 표현 아닌가?

천 교수: 대로야, 다 들리거든. 사실 나도 중학생을 대상으로 설명하는 건 처음이라 좀 당황스럽구나. 뭐부터 설명해야 할지……. 음, 일단 마케팅의 정의부터 시작해야겠지?

학생들: 네, 좋습니다.

천 교수: 좋아, 중학생답게 에너지가 넘치는구나! 일단 마케팅이란 말을 들어본 적은 있니?

나대로: 네, 그럼요. 신문, 방송에도 자주 나오고, 드라마에 멋있는

마케팅 본부장님도 자주 나오고. 하하.

천 교수: 그럼 마케팅은 구체적으로 뭘 하는 걸까?

나대로: 음, 그러니까……, 글쎄요.

천 교수: 바른이는 어떻게 생각하니?

오바른: 음, 회사에서 만드는 제품을 잘 판매하고, 재미있는 광고를 잘 만들고……. 신문, 방송에서 이와 비슷한 이야기를 많이 들어본 것 같아요.

천 교수: 오, 제법인데? 너희 말이 모두 맞다. 대로 말대로 마케팅은 신문, 방송, 드라마에서 많이 접할 수 있지. 바른이 말대로 일반 소비자들을 대상으로 광고, 홍보, 신제품 개발, 판매 촉진 등을 하는 전반적인 활동을 의미하고. 보다 정확하게는 기업이 가진 제품과 서비스를 소비자의 니즈와 교환시켜 가치를 창출하는 활동이란다.

나대로: 아, 삼촌? 교환? 가치? 너무 어려운데요. 마케팅은 그냥 광고를 재밌게 잘 만드는 거 아니에요?

천 교수: 하하, 사실 많은 사람들이 그렇게 오해하긴 해. '마케팅 = 광고'라고 말이야.

하지만 광고는 마케팅에서 아주 작은 부분을 차지하는 활동일 뿐이란다. 우리가 소비자로서 가장 쉽게, 자주 접하는 것이기는 하지만……. 역시 쉽지 않군.

　좋아. 그럼, 좀 더 쉽게 얘기해보자. 너희가 생각할 때 요즘 마케팅을 잘하는 회사는 어디인 것 같니?

오바른: 글쎄요. 잘은 모르지만 어쩐지 닌텐도? 애플? 나이키? 뭐, 이런 회사들요?

천 교수: 그래, 아주 잘 얘기했어. 바른이가 말한 회사들은 우리가 마케팅을 잘한다고 자주 말하는 대표적인 곳들이지. 그런데 우리는 왜 이 회사들이 마케팅을 잘한다고 생각할까? 도대체 뭘 잘하길래? 바른이는 어떤 점에서 이 회사들이 마케팅을 잘 한다고 생각했니?

오바른: 그게 뭐랄까……. 설명하기는 어렵지만 그냥 잘하는 것 같아요. 좋은 상품도 잘 만들고, 사람들도 그 회사를 다 좋아하는 것 같고, TV에도 자주 나오고요.

나대로: 광고도 멋있게 잘 만들잖아요!

천 교수: 하하, 그래, 그렇지. 너희 말이 맞아. 그런데 잘 생각해보면 말이야, 너희가 이야기한 마케팅 잘하는 회사들은 모두 큰 공통점이 있어. 오늘 우리가 이야기할 마케팅의 정의와 관련이 있단다.

나대로: 큰 공통점이라……, 그게 뭘까요?

천 교수: 너희가 오늘 꼭 알아야 할, 마케팅을 정의하는 키워드는 바로 '선택(CHOICE)'이야.

오바른: 선택……요?

천 교수: 조금만 더 살을 붙이면……, 마케팅이란 결국 '소비자의 선택에 영향을 미치는 모든 활동'이란다.

마케팅은 소비자의 선택을 받는 일

나대로: 마케팅이란 소비자의 선택에 영향을 미치는 모든 활동이라고요? 뭔가 간단한 것 같기는 한데……. 알 것 같기도 하고, 모를 것 같기도 하고……. 마케팅이란 원래 이런 건가?

천 교수: 대로야, 먼저 판단하지 말고 좀 더 들어볼래?

애들아, 마케팅에서 가리키는 '선택'이란 단어에는 정말 어마어마하게 큰 의미가 담겨 있단다. 그래서 중요하지! 좀 더 설명하면, 마케팅의 '선택'이라는 단어에는 두 가지 중요한 의미가 함축돼 있어. 이걸 설명하기 위해 내가 퀴즈를 내볼게. 자, 첫 번째 문제!

선택의 전제는 뭘까?

나대로: 선택의 전제요? 선택은 뭘 고르는 거니까, 전제는…… 일단 돈이 있어야 하지 않을까요?

천 교수: 아차, 그렇네. 그래, 돈이 있어야지. 내가 거기까지는 생각 못 했네.

그럼 돈은 있다고 치고, 우리가 선택한다는 것은 기본적으로 어떤 상황을 의미할까?

오바른: 선택한다는 것은 일단 뭔가를 고를 수 있는 대안들이 있다는 것 아닐까요?

천 교수: 오, 역시 똑똑한 학생! 바로 그거야. 선택의 전제는 대안이 있다는 거지. 여러 가지 대안이 있으니까 선택한다는 말도 하

겠지. 너무 당연하지 않니?

그렇다면 제품을 판매하는 기업의 입장에서 생각해보렴. 대안이 있다는 것은 기업에게 결국 뭘 의미할까?

나대로: 경쟁자가 있다는 것이겠죠.

천 교수: 와우, 훌륭해. 오늘 진도가 빨리 나갈 것 같은 좋은 예감이 드는데?

아주 정확하게 잘 말해줬어. 소비자가 선택한다는 건 결국 대안이 있다는 것이고, 이것을 기업 입장으로 바꿔 말하면 경쟁자가 있다는 거야.

이게 바로 마케팅에서 선택이란 단어에 숨어 있는 첫 번째 중요한 의미야!

다시 말해 마케팅은 정의상 언제나 '경쟁자'를 고려해야 해!

경쟁은 어디에나 있다

오바른: 아, 경쟁자. 정말 중요한 개념이겠군요.

천 교수: 그래, 맞아. 마케팅을 공부하기 위해 가장 먼저 이해해야 할 것이지!

나대로: 마케팅은 항상 경쟁자를 고려한다! 별거 아니네요, 삼촌. 어쩌면 당연한 것 같기도 하고.

천 교수: 그런데 말이다. 경쟁자를 고려하는 게 그리 간단한 문제만은 아니란다.

학생들: 네? 그건 또 무슨 말씀이세요?

천 교수: 하하, 여기서 끝나면 마케팅이 아니지. 내가 또 물어볼게.

나대로: 삼촌, 질문이 너무 많은 것 아니에요?

천 교수: 대로야, 이게 바로 대학의 수업 방식이야. 특히 마케팅 수업은 더욱 그렇고. 마케팅 공부의 매력……. 음, 어디까지 얘기했더라. 대로, 너 때문에!

오바른: 마케팅은 소비자의 '선택'에 영향을 미치는 활동이고, 선택이라는 단어에는 '경쟁자'를 반드시 고려해야 한다는 의미가 포함돼 있다고 하셨습니다. 제가 중요하단 표시를 해놨죠. 그리고 질문을 하나 더 하시겠다고…….

나대로: 으, 이 녀석. 잘난 척하기는.

천 교수: 바른이는 듣던 대로 아주 훌륭하구나. 아주 잘 정리했어.

그럼 바로 다음 질문! 너희 인스타그램이 뭔지 아니?

나대로: 에이, 그게 뭐 질문이라고. 요즘 인스타 모르는 사람이 어디 있어요?

천 교수: 그래, 그렇지. 그럼 다시 물어볼게. 인스타그램의 경쟁자는 어디일까?

나대로: 틱톡? 페이스북? X? 아님 유튜브?

천 교수: 물론 그렇지. 그런데 정말 그게 다일까?

오바른: 네? 그건 또 무슨 말씀이세요?

천 교수: 자, 어느 기업이 면접시험에서 출제했던 문제를 내볼게. 아주 유명한 문제야.

"나이키의 경쟁자는 닌텐도 게임기다." 이 말에 대해 어떻게 생각하니?

나대로: 네? 나이키의 경쟁자가 닌텐도라고요? 요즘 닌텐도가 운동화도 만드나요? 그런 얘기는 들어본 적이 없는데. 아! 나이키가 게임기를 만들기 시작했군요?

오바른: 잠깐만! 음……, 아하! 그런 뜻이셨군요!

천 교수: 오호, 바른이가 뭔가 눈치를 챈 것 같은데? 내가 한번 쉽게 설명해볼게. 우리가 지금 이야기하는 경쟁자는 좁게 정의할 수도 있지만, 반대로 굉장히 넓게 정의할 수도 있어. 다시 말해 경쟁자를 정의하는 것 자체부터 정말 쉽지 않아.

오바른: 정말 그렇겠네요.

나대로: 뭐지, 지금 이 분위기는? 혹시 지금 나만 빼고 둘이 얘기하는 건가요?

천 교수: 하하, 대로야. 더 쉽게 설명해볼게. 잘 들어봐.

운동화를 생산하는 나이키 입장에서 보면, 나이키의 경쟁자는 같은 스포츠용품을 생산하는 아디다스나 리복이겠지. 물론 이건 경쟁자를 굉장히 좁게 본 경우란다.

그런데 경쟁자를 넓게 본다면? 우리는 언제 운동을 할까?

오바른: 학교나 학원 수업이 끝나고 난 후나, 주말에 놀 때…….

천 교수: 그래, 바로 그거야. 우리는 보통 운동을 여가 시간에 하지. 당연히 학교 수업이 끝난 뒤, 혹은 학원에 가지 않을 때 운동을 하잖아.

그런데 우리가 여가 시간에 운동만 할까? 아니야! 너희, 여가 시간에 운동할까, 게임할까, 영화를 보러 갈까, 고민하지 않니? 그렇다면 나이키의 강력한 경쟁자는 닌텐도가 될 수도 있는 거지. 게임을 하면 할수록 운동은 안 할 테니 말이야.

나대로: 아 그렇게 깊은 뜻이. 헤헤.

천 교수: 그럼 처음 질문으로 돌아가볼까? 인스타그램의 경쟁자는 어디일까? 만약 경쟁자를 넓게 정의한다면 어디까지 될 수 있을까?

나대로: 음, 넓게, 넓게……. 아하! 이제 확실히 대답할 수 있습니다!

천 교수: 그래? 궁금하네. 한번 말해볼래?

나대로: 인스타그램의 경쟁자는 나이키입니다.

천 교수: 하하, 이번에도 나이키니? 이유는?

나대로: 여가 시간에 SNS 안 하고 운동하러 가니까요.

천 교수: 그래, 배운 걸 금방 잘 적용하는 나대로, 나름 훌륭해. 하하. 그런데 조금 새롭게 시도해볼 수는 없을까?

오바른: 인스타그램의 경쟁자는…… 혹시 편의점 아닐까요?

천 교수: 오호, 바른아. 아주 재미있는 생각 같은데. 이유가 뭐지?

오바른: 인스타그램은 온라인에서 친구들과 대화하고 노는 곳인데, 편의점은 친구들과 직접 만나서 대화하고 노는 곳이니까요.

천 교수: 오, 놀랍구나. 정말 훌륭하다. 당장 경영학과에 입학해도 되겠어.

바른이 말대로 인스타그램은 친구들과 '온라인'에서 노는 곳

이고, 편의점은 친구들과 '오프라인'에서 노는 곳이지. 결국 친구들과 함께 시간을 보낼 때 온라인에서 만날지, 오프라인에서 만날지 둘 중에서 결정한다면 두 회사는 매우 강력한 경쟁자가 될 수도 있는 거야.

나대로: 그럴 수도 있겠네요. 그럼 PC방도 경쟁자이지 않을까요? 저는 인스타를 하거나 친구들과 PC방에 가거든요.

천 교수: 그래, 그것도 맞다. 정말 나대로다운 생각이야.

어쨌든 이처럼 경쟁자를 누구로 결정하느냐, 이것 자체가 마케팅에서는 아주 중요한 의사결정 문제란다. 우리의 경쟁자가 누구냐에 따라서 마케팅 전략이 달라지니까 말이야.

오바른: 정말 그렇겠네요. 마케팅에서 경쟁자는 정말 중요한 개념 같아요. 그런데 교수님, 경쟁자를 언제 좁게 보고 언제 넓게 봐야

하나요? 그걸 결정하는 게 너무 어려울 것 같은데요.

천 교수: 그래, 그게 중요하지. 여기서 두 번째 퀴즈로 자연스럽게 넘어가볼까?

나대로: 삼촌, 퀴즈 너무 좋아하는 거 아니에요?

천 교수: 흠흠, 직업병이랄까? Anyway! 어쨌든!

잠깐! 두 번째 퀴즈를 내기 전에 복습해보자. 마케팅을 정의할 때 대표 키워드는?

나대로: 이젠 복습까지, 저 직업병.

천 교수: 흠! 대로야.

학생들: 선택! Choice요.

천 교수: 그럼 선택이라는 단어 안에 숨어 있는 첫 번째로 중요한 의미는?

학생들: 마케팅은 반드시 경쟁자를 고려해야 한다!

나대로: 뭐지, 귀에 쏙쏙 들어오는 이 느낌은?

천 교수: 좋아, 그럼 이어서 두 번째 퀴즈. 도대체 그 선택은 누가 할까?

나대로: 누가 하다니요? 우리가 하죠. 그러니까 소비자요!

천 교수: 앗! 깜짝이야. 오, 대로야, 네가 이렇게 훌륭할 때가 다 있구나. 바로 그게 마케팅에서 선택이라는 키워드에 숨어 있는 두 번째로 중요한 의미란다.

나대로: 앗, 제가 지금 좋은 얘기를 했나요?

선택의 주인은 소비자다

천 교수: 그래, 아주 잘 말했어! 선택은 기업이 하는 게 아니야. 대로 말대로 항상 소비자가 하지. 따라서 마케팅은 정의상 언제나 소비자 입장에서 고민하는 분야란다.

조금 더 자세히 말하자면, 기업에는 역할이 각기 다른 여러 부서가 있지. 마케팅 팀, 인사 팀, 재무 팀, 회계 팀, 영업 팀, 생산 팀, IT개발 팀 등등. 너희도 나중에 커서 회사에 다니면 이런 부서들을 많이 접하게 될 거야. 그런데 재미있게도 다른 모든 부서는 기업 입장에서 열심히 일하는데, 유독 한 팀만 언제나 소비자 입장에서 고민한단다.

나대로: 그게 바로 마케팅 팀이군요.

천 교수: 그래, 맞아! 마케팅은 정의상 언제나 소비자 입장에서 고민해야 하니까!

'언제나'라는 말로는 부족해. 치열하게 소비자 입장, 철저하게 소비자 입장, 짜증 날 정도로 언! 제! 나! 소비자 입장이란다.

나대로: 삼촌, 예를 들어서 좀 더 쉽게 설명해주세요.

천 교수: 좋아. 너희 애플의 아이폰과 삼성의 갤럭시 스마트폰 알지?

출처: 애플 홈페이지, 삼성 홈페이지

학생들: 네, 그럼요.

천 교수: 그럼, 두 스마트폰이 기술적으로 어떻게 다른지 한번 얘기해줄래?

나대로: 음, 그 정도는 저도 좀 알죠. 일단 OS, 운영체제가 다르고요. 화면 크기도 다르고, 물론 디자인도 다르고…….

천 교수: 그리고?

나대로: 또요? 음…… 뭐가 있지?

오바른: 갤럭시의 안드로이드는 오픈소스 체제라서 대체 애플리케이션에 대해 훨씬 개방적인 반면 아이폰의 iOS는 폐쇄적이죠.

나대로: 헉, 바른이 녀석 또 잘난 척하기는.

천 교수: 그래, 잘 얘기했어. 그리고 또 얘기해볼까?

오바른: 아, 또요? 사실 저도 더 이상은 잘…….

천 교수: 그래, 아마도 소비자 대부분이 이 이상 할 이야기를 찾기 어려울 거다. 그런데 만약 우리가 지금 이 자리에 애플과 삼성의 스마트폰 기술 개발 책임자를 초대한다면, 이 정도에서 끝날까?

나대로: 에이, 그럴 리가요⋯⋯. 몇 시간을 얘기해도 안 끝날 것 같은데요. 서로 자기 회사의 기술이 어떻게 다른지 설명하다가 하루가 다 갈 거예요.

천 교수: 그게 바로 기업 입장과 소비자 입장의 차이란다. 기술 개발자들은 얼마든지 기업의 입장에서 얘기할 수 있겠지. 하지만 우리가 조금 전에 배운 것처럼 마케팅은 그렇지 않단다. 소비자들이 그 정도 차이만 알고 있다면, 두 브랜드의 차이는 정말로 그것뿐인 거야. 마케팅은 언제나 소비자 입장이니까!

오바른: 아⋯⋯.

천 교수: 기업이 아무리 이게 다르다, 저게 다르다 주장해도 그건 기업의 입장일 뿐이야. 다른 부서는 모두 그렇게 얘기해도 괜찮은데, 마케팅 부서만큼은 그렇게 얘기하면 안 된단다. 소비자가 그렇다면 그런 거야. 마케팅을 하는 사람, 다시 말해 마케터(marketer, 제품과 서비스를 소비자에게 알리고, 판매하는 등 마케팅과 관련된 활동을 전문적으로 하는 사람)라면 항상 소비자 입장에서 고민해야 하니까!

나대로: 그런데 만약 소비자들이 진짜로 잘못 알고 있으면 어떡하죠?

14살의 CEO 수업

천 교수: 소비자가 잘못 알고 있으면? 아주 재미있는 질문이구나. 역시 대로가 가끔 번뜩일 때가 있어. 그래서 내가 대로를 좋아하지. 정말 좋은 질문이야.

재미있는 사진을 한 장 보여주마.

스튜 레너즈(Stew Leonard's)라는 미국 식료품 회사가 있어. 〈뉴욕타임스〉가 식료품 업계의 디즈니랜드라고 극찬한 적이 있지. 이 회사는 재미있게도 자신들이 운영하는 매장 입구에 회사 정책을 적은 커다란 돌을 놔뒀단다. 일명 '스톤 폴리시(Stone Policy)'라고 하지.

요즘 중학생들은 영어를 정말 잘하던데, 너희도 이 정도는 읽을 수 있지? 무슨 뜻인지 한번 읽어볼래?

오바른: 네. 첫 번째 원칙, "The customer is always right!" 즉 고객

은 항상 옳다!

나대로: 두 번째 원칙, "If the customer is ever wrong, reread rule 1!" 만약 고객이 틀렸다면…….

천 교수: 틀렸다면?

나대로: 첫 번째 원칙을 다시 읽어라! 잉? 그럼, 고객은 역시나 항상 옳다?

천 교수: 그래, 바로 그거야. 이게 바로 마케팅적인 접근이란다. 마케팅은 항상 소비자 입장! 언제나 소비자 입장! 치열하게! 짜증 날 정도로! 고객이 잘못 알고 있다면, 그건 고객 잘못이 아니라 우리가 마케팅을 잘못한 것이다! 다른 모든 부서가 고객을 탓해도, 우리 마케팅 부서만큼은 절대로 고객을 탓해서는 안 된다. 우리는 항! 상! 고객의 입장!

아마 내 마케팅 수업을 듣다보면 소비자라는 단어를 귀에 못이 박히게 듣게 될 거다.

오바른: 마케팅에서는 소비자에 대한 이해가 정말 중요하군요.

천 교수: 그래, 맞아. 이렇게 언제나, 치열하게, 짜증 날 정도로 소비자 입장에서 고민하는 것이 가장 마케팅다운 접근이야. 스튜레너즈가 예전 사례라면, 최근 사례도 있어. 혹시 요즘 마케팅을 가장 잘하는 회사로 사람들이 어디를 꼽는지 아니?

학생들: 글쎄요.

천 교수: 요즘 많은 사람들이 마케팅을 잘하는 대표적인 글로벌 회사로 아마존을 꼽는단다.

오바른: 아, 아마존. 들어본 적이 있어요. 쇼핑몰 같은 곳이죠?

천 교수: 그래, 전 세계에서 가장 유명한 인터넷 쇼핑몰 사이트라고 생각해도 괜찮겠구나. 많은 사람들이 이 회사의 창업자이자 CEO인 제프 베이조스에게 아마존이 마케팅을 잘하는 이유를 물었는데, 그분이 뭐라고 대답했냐면…….

나대로: 뭐라고 했는데요? 궁금해요.

천 교수: Obsess over customers. 우리는 고객에게 '집착(obsession)' 한다.

　애들아, 집착이라는 단어가 어떻게 들리니?

오바른: 뭔가 좀 부정적이지 않나요? 조금 지나친?

천 교수: 그래, 바로 그렇단다. 지나칠 정도로 고객에게 신경 쓴다는 것이지. 이 정책을 아주 잘 설명하는 사례가 있어. 아마존의 회의 공간에는 항상 빈 의자가 하나 놓여 있단다. 돈을 잘 버는 회사니까 의자가 남아돌아서일까?

물론, 아니야. 그 빈 의자가 상징하는 것은 도대체 뭘까?

나대로: 아! 바로 고객 아닐까요?

천 교수: 오, 이제 대로도 제법 마케팅을 배운 티가 나는구나. 바로 맞췄다. 비록 지금 이 자리에는 없지만, 빈 의자에 고객이 앉아 있다고 생각하고 회의를 하는 거지. 실제 고객이 앉아 있다고 생각하면, 직원들이 더 진지해질 수밖에 없을 거야.

바로 그만큼 고객에게 집착하는 것. Obsess over customers! 이게 바로 마케팅 잘하는 회사의 성공 비결이란다.

어때? 이제 마케팅이 얼마나 소비자 입장에서 고민해야 하는 분야인지 이해했겠지?

학생들: 네, 교수님.

천 교수: 자, 지금까지 배운 것을 정리해보자.

마케팅은 소비자의 선택에 영향을 미치는 모든 활동이다. 이 선택이라는 단어에는 정말 중요한 뜻 두 가지가 함축돼 있지.

하나! 마케팅은 항상 경쟁자를 고려해야 한다.

둘! 마케팅은 항상 소비자 입장에서 생각해야 한다.

14살의 CEO 수업

이제 마케팅이란 게 뭔지 조금은 알겠지?

학생들: 네! 확실히 재미있는 일일 것 같아요.

천 교수: 그래, 그렇게 생각했다면 정말 다행이다. 휴, 내가 힘들게 설명한 보람이 있구나. 마케팅은 소비자의 선택에 영향을 미치는 일이니, 분명 쉽지는 않아. 하지만 그만큼 도전적이고 재미있는 일이기도 하지.

이제 너희도 마케팅의 기본 개념을 배웠으니, 좀 더 자세히 파고들어볼까?

학생들: 네, 교수님.

Box 1. 마케팅의 학문적 정의

마케팅의 아버지라 불리는 필립 코틀러 교수는 마케팅을 "기업이 고객을 위해 가치를 창출하고 고객과 강한 관계를 구축하고 그 대가로 고객들로부터 상응한 가치를 얻는 과정(필립 코틀러, 게리 암스트롱 (2023), 《Principles of Marketing》(제19판), Pearson Education Limited)이라고 정의합니다.

조금 어렵게 들리죠? 원래 학문적 정의는 이론적으로는 매우 훌륭하지만 조금 딱딱하게 들릴 때가 많습니다. 제가 조금 더 쉽게 설명해보겠습니다.

우선 이 말을 그림으로 표현해볼까요?

다시 말해 우리와 같은 소비자는 늘 원하는 것(needs, wants, demands)
이 있고, 기업(생산자)에게는 팔고자 하는 제품과 서비스가 있습니
다. 그렇다면 시장에서 이것들을 서로 교환(exchange)시켜줘야겠죠?
문제는 가만 놔두면 시장에서 이런 교환이 발생하기가 쉽지 않다
는 점입니다. 누군가는 이 교환을 창출하고, 적극적으로 유도해야
합니다. 바로 이것이 마케팅이 하는 일입니다.

교환이 성공적으로 이루어지면, 생산자와 소비자 모두 가치(value)
를 얻을 수 있습니다. 쉽게 말해 기업은 돈을 벌고, 소비자는 고객
만족이라는 가치를 얻겠죠.

사실 따지고보면, 이것은 반드시 기업만의 문제는 아닙니다. 우리
는 인생을 살아가면서 다른 사람에게 자신의 가치를 어필해야 할
때도 있고, 다른 사람의 선택을 받아야 할 때도 있습니다. 예를 들
어 이성 친구에게 선택을 받고 싶거나, 회장 선거에 나가 같은 반
친구들에게 선택을 받아야 할 때가 그렇겠죠. 이럴 때마다 마케팅

14살의 CEO 수업

지식을 적극적으로 활용할 수 있습니다.

마케팅이 우리 인생에 도움이 될 수 있다니 재미있지 않나요? 마케팅에 대해 흥미가 생겼다면, 이 책에 있는 다른 이야기들도 읽어보세요. 틀림없이 여러분의 인생이 조금 더 재미있어질 거예요.

2.

핵심 이슈: 소비자 이해하기

지금까지 마케팅이란 뭔지 함께 공부해봤습니다. 마케팅을 간단히 정리하면 '소비자의 선택에 영향을 미치는 모든 활동'입니다.

그런데 마케터는 어떻게 소비자의 선택에 영향을 미칠 수 있을까요?

소비자들이 바보도 아니고, 기업이 판매하는 제품을 무조건 사지는 않을 거예요. 사실 소비자에게 영향을 미치기란 정말 섭지 않습니다. 자기 마음을 잘 모를 때도 많은데 다른 사람의 마음에 영향을 미친다니, 당연히 어렵죠.

그래서 여러분이 마케팅에 관심이 있다면 소비자를 조금 더 이해할 필요가 있습니다. 소비자는 도대체 어떤 과정을 거쳐서 최종 선택을 할까요? 소비자에게 영향을 미친다는 말은 구체적으로 무슨 의미일까요?

소비자를 이해하는 것이 재미있는 이유는, 우리 모두가 매 순간 소비자로 살아가기 때문입니다.

여러분의 오늘 하루를 생각해볼까요?

혹시 하교하면서 편의점에 들러 음료수를 사 먹었나요? 그렇다면 여러분은 음료수라는 제품의 소비자였네요.

조금 전에 TV를 본 학생이 있나요? 그렇다면 방송 콘텐츠의 소비자가 됐습니다.

엄마, 아빠와 같이 옷이나 신발을 사러 갔나요? 그렇다면 이번에는 의류 제품의 소비자가 됐습니다.

이뿐만이 아닙니다. 만약 학원에 가야 한다면, 이번에는 학원 교육 서비스의 소비자가 된 것입니다.

지금 이 책을 읽고 있으니, 이 역시 소비자가 된 것입니다. 다른 책을 소비할 수도 있었는데, 혹은 이 책을 살 돈으로 영화 한 편을 보거나 놀이공원에 갈 수도 있었는데, 대신 이 책을 선택함으로써 여러분은 이 책을 만든 출판사의 소비자가 된 거예요.

이렇게 우리는 매 순간 소비자로 살아갑니다.

많은 대학생이 마케팅을 공부하며 가장 재미있어하는 부분이 바로 이 소비자에 대한 내용이랍니다. 학생들을 가르치는 제 입장에서도 가장 재미있습니다. 학생들이 재미있게 공부하고 열심히 수업을 들으니까, 가르치는 저도 신이 나는 것이죠.

혹시 지금까지 이 책에서 소비자란 말이 몇 번 등장했는지 아세요? 방금 것까지 포함해 총 62번 등장했습니다. 못 믿겠다면 직접 세어봐도 좋습니다. 마케팅은 정의상 항상 소비자 입장에서 고민하는 분야라고 했는데, 우리도 지금까지 소비자라는 말을 벌써 이렇게나 많이 했습니다. 우리가 마케팅에 대해 이야기하고 있다는 것이 정말로 실감 나네요.

소비자가 그 제품을 사는 이유

소비자에 대해 조금 더 설명해보겠습니다. 앞에서 마케팅이 소비자의 선택에 영향을 미친다고 했는데, 사실 선택은 최종적인 결과에 불과합니다. 그렇다면 최종 선택 이전 단계는 뭘까요?

여러분이 가장 최근에 산 제품을 뭐든 좋으니 한 가지 생각해보세요. 그 제품을 어느 날 갑자기 산 것은 아니겠죠? 우리가 어떤 제품을 선택한 데는 분명히 이유가 있습니다. 그리고 그 이유

중 가장 대표적인 이유는 바로 우리가 그 제품을 '좋아하기 때문' 입니다. 그렇지 않나요?

다시 말하면 선택이라는 최종 행위 이전에 일단 그 제품을 좋아해야 합니다. 그림으로 표현하면 다음과 같겠죠.

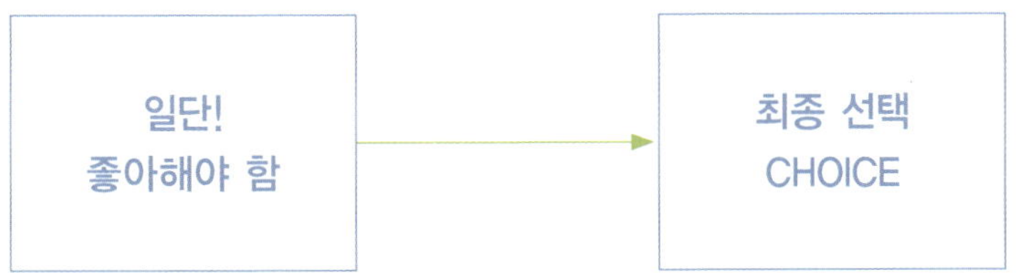

생각해보면 너무 당연한 말입니다. 충동구매가 아닌 이상, 어떤 제품을 그냥 선택하는 사람은 없습니다. 우리는 사람이든 제품이든 보통 그 대상을 좋아할 때 최종 선택을 합니다. 즉 선택을 위해서는 먼저 그 제품을 좋아해야 합니다.

따라서 마케팅 활동의 중요한 목표는 소비자가 제품을 좋아하게 만드는 것입니다. 이것이 앞에서 말한 '어떻게'에 관한 답입니다. 즉 마케터는 소비자의 선택을 유도하기 위해, 일단 소비자가 제품을 좋아하게 만들어야 합니다.

균형이론

그렇다면 결국 중요한 것은 어떻게 제품을 좋아하게 만드느냐입니다. 실제로 마케팅에서는 소비자가 제품을 좋아하게 만드는 다양한 방법을 공부합니다.

재미있는 마케팅 이론을 소개해줄게요. '균형이론'이라는 것입니다.

블랙핑크가 펩시콜라 광고를 했던 것 기억하나요? 여기에 블랙핑크의 팬이면서 펩시콜라는 좋아하지 않는 중학생 A가 있다고 칩시다. 이 상황을 그림으로 표현하면 다음과 같을 것입니다.

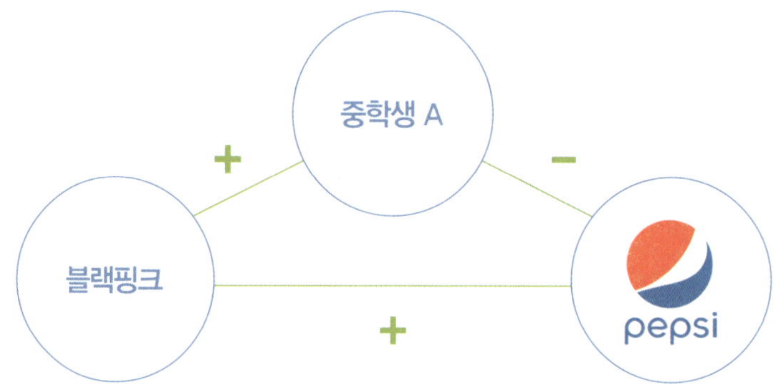

+, −는 서로의 관계를 의미합니다. +는 긍정적인 관계, −는 부정적인 관계죠.

뭔가 좀 어려워지는 것 같나요? 이론이라고 해서 겁먹을 필요는 없습니다. 여러분 같은 중학생도 쉽게 이해할 수 있는 쉬운 이론이니 조금만 더 읽어보세요.

그림을 조금 더 설명하면 이렇습니다. 이야기 속 중학생 A는 블랙핑크 팬이라 블랙핑크와는 긍정적인 관계지만, 펩시콜라는 좋아하지 않아서 펩시콜라라는 기업과는 부정적인 관계입니다.

펩시콜라를 좋아하지 않는 이유는 다양하겠죠. 맛이 없어서, 패키지가 마음에 들지 않아서, 그냥 다른 음료를 선호해서……. 블랙핑크는 펩시콜라의 광고 모델이어서 둘 사이는 긍정적인 관계라고 할 수 있습니다.

이제 하나 물어볼게요. 아, 마케팅 수업은 질문이 많다는 것 기억하죠? 만약 여러분이 이 그림 속 중학생 A라면 어떨까요?

아마도 마음이 매우 불편할 가능성이 큽니다. 왜냐하면 내가 좋아하는 아이돌 그룹이 내가 좋아하는 회사의 광고 모델이 되면 참 좋을 텐데, 하필 내가 싫어하는 회사의 광고 모델이 됐으니까요. 마음이 편하지 않죠.

그런데 모든 인간은 심리적으로 불편한 상태에 빠지면, 본능적으로 편한 상태가 되고 싶어 합니다. 불편한 것을 좋아하는 사람은 없잖아요. 이는 모든 인간의 본성일 것입니다.

그렇다면 지금 이 상황에서 뭐가 바뀌면 중학생 A가 다시 편안한, 즉 균형을 되찾을까요? 다음 그림처럼 바뀌면 균형이 잡히지 않을까요?

뭐가 달라졌나요? 틀린 그림 찾기 게임을 할 때처럼 앞의 그림과 비교해보세요.

네, 중학생 A와 펩시콜라의 관계가 −에서 +로 바뀌었습니다. 쉽게 풀어 설명하면 중학생 A의 마음 안에서 다음과 같은 변화

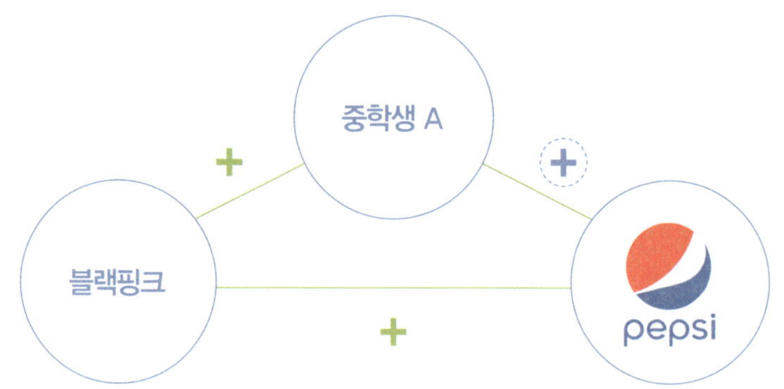

가 생겼습니다. 조금 전 블랙핑크가 펩시콜라의 모델이 된 것을 보고 불편한 상태에 빠졌다가, 곧 '펩시콜라도 그리 나쁘진 않군……'이라고 생각하며 −를 +로 바꿔버린 것입니다. 그렇게 생각하는 것이 중학생 A 자신을 매우 편안한 상태로 만들기 때문이죠.

펩시콜라 같은 기업들은 바로 이 점을 바라고 소비자들이 좋아하는 광고 모델을 기용하는 것입니다. 혹시 소비자가 우리 기업을 좋아하지 않더라도 그가 좋아하는 모델이 기용되면, 불편한 마음이 편한 마음으로 변화하는 과정에서 우리 기업을 좋아하게 되지 않을까? 이렇게요.

어때요, 그럴듯하지 않나요? 물론 그렇게 간단하지만은 않습니다. 왜냐하면 다음과 같이 전혀 다른 방향으로 변할 수도 있거든요.

이번에는 처음 그림과 비교해 뭐가 달라졌나요? 중학생 A와

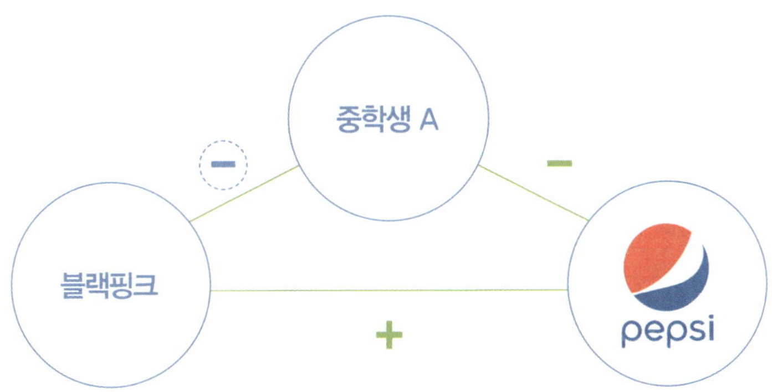

블랙핑크의 관계가 +에서 −로 변했습니다. 다시 말해 자신이 싫어하는 회사에 자신이 좋아하는 사람이 광고 모델이 돼 불편해졌고, 그래서 그냥 '에이, 블랙핑크도 별로야'라고 생각하게 돼버린 것입니다. 이것 역시 마음이 편해질 수 있는 한 가지 방법이니까요. 이제 자신이 싫어하는 사람이 자신이 싫어하는 회사의 모델이 됐으니, 더 이상 불편하지 않습니다. 물론 기업이 원하는 방향은 아니겠지만요.

자, 그렇다면 도대체 언제는 오른쪽 −가 +로 변하고, 또 언제는 왼쪽의 +가 −로 변할까요?

이건 좀 어려운가요? 아주 상식적으로 생각해보세요.

정답은 "더 센 쪽으로 바뀐다"입니다. 여기서 중요한 것은 +, −가 얼마나 큰가입니다. 즉 더 강한 쪽에 이끌려 바뀐다는 말입니다.

어때요? 정말 간단하면서도 재미있는 이론 아닌가요?

바로 이런 이유 때문에 기업은 소비자의 선호도가 매우 높은,

즉 +가 매우 강한 광고 모델을 기용하는 것입니다. 이 모델 덕분에 기업에 대한 소비자들의 마음을 -에서 +로 바꿀 수만 있다면, 기업은 얼마든지 돈을 쓸 준비가 돼 있습니다. 광고 모델이 30초 정도 출연할 뿐인데도 출연료가 매우 높은 것은 바로 이런 이유 때문입니다.

자, 지금까지 균형이론을 통해 소비자가 어떻게 특정 브랜드를 좋아하게 되는지 공부해봤습니다. 물론 소비자가 브랜드를 좋아하는 과정을 설명하는 이론은 이것 말고도 매우 많습니다. 복잡한 우리 인간의 마음을 이렇게 간단한 이론 하나만으로 설명할 수는 없겠죠?

마케팅 분야에는 흥미롭고 재미있는 이론이 무궁무진하답니다. 대학교에 진학해 마케팅 수업을 들어보세요. 기대해도 좋습니다.

Box 2. 코카콜라의 실패

여러분, 마케팅을 재미있게 공부하고 있나요? 실제 수업에서는 많은 기업의 사례를 다룹니다. 사례란 우리가 일상생활에서 접하는 실제 브랜드, 기업을 예로 들어 설명하는 것을 말합니다. 사례를 통해 실감 나는 경영 현장의 이야기를 들으면 마케팅 수업에 한층 더 재미를 느끼게 된답니다.

그래서 이번에는 마케팅에서 아주 유명한 사례를 하나 소개해볼까

합니다. 성공 사례는 다른 곳에서도 많이 접할 수 있으니, 이 책에서는 가장 유명한 실패 사례 중 하나를 다뤄보죠.

여러분, 코카콜라와 펩시콜라 모두 잘 알죠? 예나 지금이나 코카콜라가 펩시콜라보다 조금 더 잘 팔리고 인기도 좀 더 많은 것 같습니다. 그런데 아주 오래전에 펩시콜라가 마케팅을 특별히 잘하던 시절이 있었습니다.

1975년으로 거슬러 올라가보겠습니다. 당시 펩시콜라가 블라인드 테스트 캠페인을 실시했습니다. 매우 유명한 캠페인으로 여러분도 들어봤을지 몰라요.

펩시콜라는 우선 사람들이 브랜드를 알 수 없도록 코카콜라와 펩시콜라를 종이컵에 각각 따랐습니다. 그러고 나서 사람들에게 종이컵에 담긴 음료를 마시게 한 뒤 어느 쪽이 더 맛있냐고 물었습니다. 놀랍게도 많은 사람이 펩시콜라 쪽이 더 맛있다고 말했습니다. 펩시콜라는 이 장면을 텔레비전 광고로 만들어 대대적인 캠페인을 벌였죠.

결과는 대성공이었습니다. 이 캠페인의 영향을 받아 당시 펩시콜라의 매출이 상당히 증가한 거예요.

가만히 있을 수 없었던 코카콜라는 같은 방식으로 더 대규모로 블라인드 테스트를 기획했습니다. 우선 새로운 맛의 콜라를 만들었어요. 그러고 나서 사람들에게 새로운 콜라와 기존 콜라를 맛보게

한 다음 뭐가 더 맛있는지 물었습니다. 결과는 새로 만든 콜라가 더 맛있다는 것이었습니다. 이에 코카콜라는 과감하게 기존 콜라의 판매를 중단하고, 새로운 콜라인 뉴코크를 출시했습니다.

1985년 코카콜라에서 블라인드 테스트를 거쳐 새롭게 출시했던 뉴코크

결과는 어땠을까요? 예상하겠지만, 대실패였습니다. 그때 뉴코크가 성공했다면, 우리는 지금 모두 뉴코크를 마시고 있을 것입니다. 그런데 여전히 클래식 코카콜라를 마시고 있잖아요. 이것이 바로 마케팅 역사에서 가장 유명한 실패 사례 중 하나입니다.

당시 코카콜라는 도대체 어디서 실수를 한 것일까요?

정답은 소비자들이 코카콜라를 선택하는 이유가 단지 맛 때문만은

14살의 CEO 수업

아니었다는 것입니다. 실제로 소비자들은 어떤 제품을 선택할 때 효용적인 가치도 중요하게 생각하지만, 때로는 상징적인 가치 역시 매우 중요하게 여기죠. 코카콜라를 살 때도 마찬가지였고요. 우리가 코카콜라를 마실 때 맛있다고 말하지만, 실제로는 코카콜라가 상징하는 이미지도 매우 중요했던 것입니다.

그래서 어느 날 갑자기 클래식 코카콜라가 사라지고 뉴코크가 등장하자, 소비자들은 이를 도저히 받아들일 수 없었던 거예요. 실제로 사람들이 코카콜라를 마실 때 뇌에서 맛과 관련된 부분만 활성화되는 것이 아니라 기억과 관련된 부분도 활성화된다는 사실을 뇌 과학자들이 실험을 통해 증명하기도 했답니다.

이처럼 마케팅을 잘하기 위해서는 소비자들이 우리 제품을 구매하는 진짜 이유를 잘 파악해야 합니다. 효용적 가치가 중요한지, 상징적 가치가 중요한지에 따라 전혀 다른 마케팅을 계획해야 하거든요. 이것이 코카콜라의 뉴코크 실패 사례에서 배울 수 있는 아주 중요한 교훈입니다. 혹시 이 사례가 재미있었다면 인터넷에서 재미있는 마케팅 사례를 좀 더 찾아보길 바랍니다. 다양한 마케팅 사례를 찾다보면 마케팅 공부가 더욱 재미있어질 것입니다.

3.

마케팅 전문가 되는 길: 브랜드 매니저

이제 딱딱한 이론 이야기는 그만하고, 마지막으로 조금 현실적인 이야기로 넘어가보겠습니다. 마지막 이야기는 마케팅을 배우면 무엇이 될 수 있느냐, 즉 어떤 직업을 가질 수 있느냐입니다.

사실 마케팅은 어느 산업이나, 어느 회사에서나 필요한 일이기 때문에 특별히 한 가지 직업을 고르기는 매우 어렵습니다. 그래도 마케팅을 열심히 공부하면 될 수 있는 대표적인 직업을 하나 꼽으라면, 바로 브랜드 매니저(Brand Manager)일 것입니다.

회사에서는 흔히 브랜드 매니저를 줄여서 BM이라고 합니다. 대학에서 마케팅을 공부하는 많은 학생이 BM을 목표로 합니다. 브랜드 관리야말로 마케팅의 꽃과 같은 매우 핵심적인 일이니까요.

브랜드 매니저 이야기를 하기 전에 마케팅에서 브랜드가 어떤 의미인지부터 알아봅시다.

여러분도 브랜드라는 말을 정말 많이 들어봤을 거예요. 앞에서 이야기한 코카콜라를 예로 들어볼까요? 코카콜라의 브랜드는 무엇입니까? 너무 쉬운 질문인가요?

네, 맞습니다. 코카콜라의 브랜드는 코카콜라입니다.

브랜드란 해당 제품을 다른 경쟁 제품과 구분해주는 '이름'입니다. 코카콜라라는 브랜드 이름이 있기 때문에 그 음료와 펩시콜라가 다른 것임을 알 수 있죠. 여러분에게 모두 이름이 있어 서로를 구분하는 것과 같아요. 이것이 브랜드의 가장 기본적인 목적입니다.

마케팅에서 브랜드가 특별히 중요한 이유는 소비자가 브랜드를 단지 이름 정도로만 생각하지 않고, 그것에 의미를 부여하기 때문입니다. 이 점이 매우 중요합니다.

예를 들어 우리는 코카콜라라는 브랜드 이름을 이름으로만 받아들이지 않습니다. 코카콜라라고 하면 어쩐지 '빨간색'이란 색상이 떠오르기도 하고, '청량감'이라는 감각이 떠오르기도 하고, 어쩌면 '친구들과의 행복한 시간'이 연상될 수도 있습니다.

소비자는 이렇게 브랜드에 의미를 부여합니다. 그리고 바로 이런 이유 때문에 특정 브랜드를 더 좋아하는 것이죠.

여러분도 특별히 좋아하는 브랜드가 한두 개 정도는 있지 않나요? 그 브랜드는 마치 사람이 태어나 성장하듯 누군가에 의해 만들어지고 성장해서 우리 같은 소비자의 사랑을 받는 단계에 이른 것입니다. 이렇게 브랜드와 관련된 모든 것을 기획하고 관리하고 소비자에게 전달해, 가치 있고 사랑받는 브랜드로 키워내는 일을 하는 직업이 바로 브랜드 매니저, 즉 BM입니다.

재미있는 질문을 하나 해볼게요. 만약 애플 브랜드가 우리와 같은 사람이라면, 어떤 사람일까요? 너무 이상한 질문인가요? 물론 애플 브랜드는 사람이 아닙니다. 하지만 조금 전에 소비자들이 브랜드에 의미를 부여한다고 했잖아요. 그냥 애플 브랜드가 친구라고 생각해보세요. 굳이 설명한다면, 그 친구는 어떤 친구일까요?

왠지 창의적이고 멋있는 친구일 것 같지 않나요? 특히 애플 브

    14살의 CEO 수업

랜드를 좋아하는 친구라면 더더욱 그렇게 생각할 수 있겠죠.

이번에는 나이키를 사람이라고 생각해봅시다. 만약 나이키 브랜드가 사람이라면, 어떤 사람일까요? 어쩐지 다부진 체격에 운동도 잘하고 아주 활발할 것 같지 않나요?

바로 이런 것을 '브랜드 개성(Brand Personality)'이라고 부릅니다. 좋은 브랜드를 개발하면, 사람들은 그 브랜드에 의미를 부여하는 것을 넘어서서 사람과 같은 개성이 있다고 생각하게 됩니다. 이런 브랜드 개성을 만드는 것 역시 바로 브랜드 매니저가 하는 역할입니다.

생각해보면 성공한 브랜드는 모두 브랜드 개성이 확실합니다. 반대로 시장에서 실패한 브랜드는 뚜렷한 브랜드 개성이 없을 때가 많습니다.

지금 여러분 주변에 있는 다양한 브랜드를 떠올려보세요. 아마 여러분이 좋아하는 브랜드는 저마다 브랜드 개성이 확실한 반면 여러분이 별로 좋아하지 않는 브랜드는 브랜드 개성이 뭔지 잘 떠오르지 않을 거예요.

이 세상의 모든 브랜드는 매 순간 여러분 같은 소비자의 마음을 뺏기 위해 열심히 노력하는 중이랍니다. 이런 일을 통해 가치 있는 브랜드를 만들어내는 것이 바로 브랜드 매니저의 역할입니다.

어때요? 브랜드 매니저가 되면 꽤 재미있을 것 같지 않나요? 어쩌면 오늘부터는 TV에 나오는 제품 광고들도 조금 다르게 보일지도 모르겠습니다.

이 광고는 내 선택에 어떤 영향을 주려고 만들었을까? 이 광고는 내 브랜드 태도(어떤 브랜드를 좋아하는 정도)에 어떤 영향을 미칠까? 이 브랜드의 브랜드 개성은 뭘까? 이 브랜드는 어떤 의도로 만들어졌을까? 지금 브랜드 이름보다 더 멋진 브랜드 이름은 없었을까?

이런 질문을 계속하다보면 여러분도 어느 순간 마케팅에 더 가까워질 것입니다. 어쩌면 한 걸음 더 나아가, 마케팅이 여러분의 인생에 도움이 될지도 몰라요. 인생은 매 순간 선택의 연속이기 때문에 언제나 마케팅이 필요하거든요.

여러분도 다른 사람의 선택을 받아야 할 때가 있습니다. 예를 들어 이성 친구의 마음을 얻어야 할 때도 있고, 학급 회장 선거에 나가 당선돼야 할 때도 있습니다. 심지어 오늘 친구들과 뭘 하고 놀지 이야기할 때도, 여러분의 아이디어가 선택되려면 마케팅이 필요할지도 모릅니다. 이렇게 여러분의 인생에 마케팅이 필요한 순간이 자주 찾아올 것입니다. 이 모든 일에 오늘 배운 마케팅 개념이 도움이 되길 바랍니다.

마케팅 이야기는 이 정도로 끝내도록 하겠습니다. 모두 마케팅을 공부하느라 수고 많았습니다.

잠깐! 경영학에 여러 가지 분야가 있다는 말 기억하죠? 옆방에 정말 멋있는 경영학과 인사조직 전공 교수님이 있는데, 경영학의 다른 이야기도 좀 더 들어보지 않을래요?

마케팅에서 브랜드가 매우 중요한 개념이라는 것을 배웠습니다. 그렇다면 브랜드 가치를 돈으로 측정할 수도 있을까요? 만약 가능하다면 그 금액은 도대체 얼마쯤일까요?

실제로 매년 유명 브랜드의 가치가 숫자로 매겨지고 있습니다. 예를 들어 인터브랜드(Interbrand)라는 회사는 매년 세계적인 브랜드의 가치를 측정하고 순위를 매겨 발표합니다. 2025년의 경우, 1등은 애플로 브랜드 가치는 약 4,709억 달러였어요. 우리 돈으로 하면 약 718조 원(1달러=1,470원일 때)쯤 될 것 같습니다(2024년 12월 31일 환율 기준). 정말 엄청난 금액 아닌가요?

여기서 액수 자체보다 중요한 것은 브랜드 가치가 실제로 매우 강력한 영향력이 있고, 기업이 보유한 무형의 자산으로 인정받는다는 점입니다. 여러분도 이 사이트(https://interbrand.com/best-global-brands/global/)에 들어가서 어떤 브랜드들이 100위 안에 들어 있나 찾아보세요. 이 중에 우리나라 기업은 몇 곳인지, 어디인지 찾으면 더 재미있을 거예요.

INTERBRAND BEST GLOBAL BRANDS

01 Apple	*02* Microsoft	*03* Amazon	*04* Google	*05* Samsung
−4% 470.9 $B	+10% 388.5 $B	+7% 319.9 $B	+9% 317.1 $B	−10% 90.5 $B

06 Toyota	*07* Coca-Cola	*08* Instagram	*09* McDonald's	*10* Mercedes-Benz
+2% 74.2 $B	−2% 60.1 $B	+27% 57.3 $B TOP RISER	53.0 $B	−15% 50.1 $B

11 Cisco	*12* Louis Vuitton	*13* YouTube	*14* BMW	*15* NVIDIA
+7% 48.7 $B	−5% 48.4 $B	+61% 48.4 $B TOP RISER	−10% 46.8 $B	+116% 43.2 $B TOP RISER

16 Oracle	*17* Disney	*18* SAP	*19* Facebook	*20* Adobe
+12% 42.1 $B	−3% 41.4 $B	+12% 41.3 $B	+18% 41.2 $B TOP RISER	+4% 41.0 $B

21 Hermès	*22* IBM	*23* Nike	*24* Chanel	*25* Tesla
+18% 40.9 $B TOP RISER	+6% 39.4 $B	−26% 33.7 $B	−8% 30.5 $B	−35% 29.5 $B

26 J.P. Morgan	*27* Allianz	*28* Netflix	*29* Honda	*30* Hyundai
+8% 29.2 $B	+20% 28.2 $B TOP RISER	+42% 28.0 $B TOP RISER	−7% 24.8 $B	+7% 24.6 $B

31 BlackRock	*32* Booking.com	*33* Visa	*34* Sony	*35* IKEA
23.7 $B NEW ENTRANT	23.5 $B NEW ENTRANT	+9% 23.0 $B	+7% 22.3 $B	−9% 22.2 $B

36 MasterCard	*37* Accenture	*38* Pepsi	*39* Qualcomm	*40* PayPal
+14% 21.1 $B TOP RISER	−4% 20.9 $B	−3% 20.3 $B	20.1 $B NEW ENTRANT	+8% 19.8 $B

41 Zara	*42* Salesforce	*43* AXA	*44* GE Aerospace	*45* Airbnb
+9% 19.4 $B	+12% 19.2 $B	+9% 18.3 $B	18.2 $B NEW ENTRANT	+3% 17.9 $B

46 UPS	*47* UNIQLO	*48* Siemens	*49* adidas	*50* LEGO
−10% 17.9 $B	17.7 $B NEW ENTRANT	+11% 17.6 $B	+12% 17.4 $B	+19% 16.6 $B TOP RISER

2025

51 Dell	52 Audi	53 Nintendo	54 Ferrari	55 Goldman Sachs
16.3 $B NEW ENTRANT	-11% 15.4 $B	+35% 15.4 $B TOP RISER	+17% 15.4 $B TOP RISER	+7% 15.3 $B
56 Volkswagen	57 Porsche	58 Spotify	59 L'Oréal Paris	60 Pampers
-9% 15.0 $B	-14% 15.0 $B	+20% 14.9 $B TOP RISER	-1% 14.7 $B	-5% 13.8 $B
61 eBay	62 Citi	63 Nescafé	64 Uber	65 Schneider Electric
+6% 13.7 $B	-9% 13.1 $B	-5% 12.9 $B	+38% 12.7 $B TOP RISER	12.7 $B NEW ENTRANT
66 Budweiser	67 HP	68 H&M	69 Gucci	70 Monster
12.0 $B	+3% 12.0 $B	-13% 11.9 $B	-35% 11.6 $B	11.5 $B NEW ENTRANT
71 Intel	72 HSBC	73 Cartier	74 Philips	75 LinkedIn
-42% 11.5 $B	-8% 11.5 $B	+6% 11.2 $B	-7% 10.6 $B	+9% 10.4 $B

76 Colgate	77 Santander	78 Gillette	79 Nestlé	80 Corona
-4% 10.4 $B	+3% 10.3 $B	+1% 10.2 $B	-14% 9.8 $B	+11% 9.7 $B
81 Xiaomi	82 Nissan	83 Dior	84 Caterpillar	85 Nasdaq
+18% 9.5 $B TOP RISER	-33% 9.4 $B	-10% 9.3 $B	+6% 9.2 $B	9.2 $B NEW ENTRANT
86 Prada	87 3M	88 John Deere	89 Kia	90 BYD
+8% 9.0 $B	+14% 8.9 $B TOP RISER	8.8 $B NEW ENTRANT	+5% 8.5 $B	8.1 $B NEW ENTRANT
91 Danone	92 FedEx	93 Sephora	94 Tiffany & Co.	95 Pandora
-4% 8.1 $B	-7% 7.8 $B	+7% 7.7 $B	+5% 7.6 $B	+7% 7.6 $B
96 Huawei	97 Range Rover	98 Nespresso	99 Shopify	100 DHL
+11% 7.6 $B	+9% 7.2 $B	+5% 7.0 $B	6.9 $B NEW ENTRANT	-6% 6.9 $B

오바른의 필기

- 마케팅: 소비자의 선택(Choice)에 영향을 미치는 모든 활동

  → Choice에는 두 가지 의미가 들어 있음

① 선택한다는 것은 곧 대안이 있음을 의미: 즉 마케팅은 항상 '경쟁자'를 고려해야 함

② 선택은 결국 소비자가 하는 것: 따라서 마케팅은 정의상 항상 소비자 입장에서 생각해야 함. 치열하게, 철저하게, 짜증 날 정도로 소비자 입장!

- 소비자 행동: 소비자의 최종 선택에 어떻게 영향을 미칠지를 공부함!

- 브랜드 태도: 어떤 브랜드를 좋아하는 정도

- 균형이론: 불균형에서 균형으로 가는 과정에서 일어나는 대상에 대한 태도 변화를 설명하는 이론

- 마케팅을 열심히 공부하면 할 수 있는 일: 브랜드 매니저

- 브랜드가 중요한 이유: 소비자들이 브랜드에 이름 이상의 의미를 부여

- 브랜드 개성이 확실한 브랜드가 성공적인 브랜드

  (예) 아이폰: 창의적이고 혁신적인 친구, 마치 사람처럼 인식

  → 결국 소비자에게 아무 의미 없는 브랜드는 성공할 수 없음을 기억!

나대로의 필기

마케팅은 Choice!

나는 왜 나이키를 선택했을까?

마케팅의 꽃은 브랜드

마케팅=브랜드

브랜드 매니저가 돼볼까?

마케팅

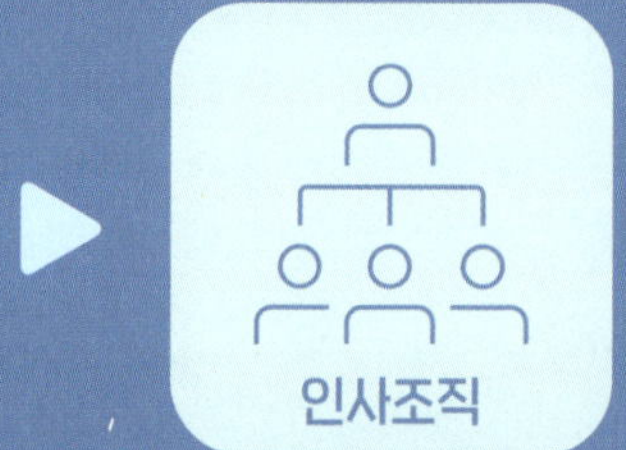

인사조직

회계

재무

2부

사람의 마음을 움직일 수 있을까?

_ 인사조직

1.

인사조직이란 무엇인가

천 교수: 똑똑, 안녕하세요?

전 교수: 천 교수님, 오랜만입니다. 어쩐 일이세요?

천 교수: 제 조카인 나대로와 그 친구 오바른입니다. 둘이 중학생인데, 경영학이 뭔지 알고 싶다고 해서요. 인사조직의 대가이신 전 교수님께 부탁을 드리러 왔습니다.

전 교수: 제가 무슨 대가라고요? 어쨌든 어린 학생들이 인사가 궁금해서 찾아왔다고 하니 기특하네요. 얘들아, 뭐가 궁금하니?

나대로: 안녕하세요, 교수님? 우선 인사조직이 뭔가요?

전 교수: 경영의 주체인 리더가 구성원들의 동기를 부여하고 역량을 개발해 조직의 목적을 달성하고 성과를 낼 수 있는가를 고민

하는 경영의 한 분과라고 볼 수 있단다.

나대로: 어어……, 교수님, 그게 도대체 무슨 말인가요? 조직? 동기부여? 역량 개발? 성과? 전혀 모르겠어요.

전 교수: 이걸 모르겠다고? 바른이도 이해가 안 되니?

오바른: 아, 사실은 저도 무슨 말인지 잘 모르겠어요.

전 교수: 너희가 중학생인 걸 잠시 잊었구나. 훨씬 쉽게 설명해야 하는데 말이야. 미안, 다시 쉽게 설명해볼게.

모든 조직에는 리더와 구성원들이 있지? 반에는 담임선생님과 학생들이 있고, 회사에는 사장과 직원들이 있는 것처럼 말이야. 리더는 구성원들이 조직의 목표를 달성하기 위해 열심히 노력할 마음이 들도록 만들 필요가 있어. 결국 일은 구성원들이 주로 하니까 말이야. 리더가 구성원들로 하여금 각자 맡은 바를 다하게 만드는 것, 이를 전문용어로 '동기부여'라고 해.

담임선생님을 예로 들어보자. 학급이라는 조직의 목표는 뭘까? 공부를 잘하는 거겠지. 그렇다면 리더인 담임선생님은 우리 반이 학년 전체에서 1등을 하면 짜장면을 사주겠다고 약속하는 식으로 당근을 줄 수도 있고, 3등 이하로 떨어지면 어려운 숙제를 내준다든가 하는 식으로 채찍을 쓸 수도 있어. 아니면 구체적인 수치가 아니라 더 고상한 방법으로 학생들이 짜장면 같은 물질적인 보상 없이도 자발적으로 목표를 이루기 위해 열심히 공부하게 만들 수도 있고. 이렇게 리더는 조직의 목표를 달성하기 위해 구성원들에게 동기를 부여하는 사람이지.

역량 개발은 구성원들의 능력을 개발하는 거야. 조직이 목표를 달성하기 위해서는 구성원들의 능력이 더 향상돼야 하거든. 예를 들어 야구팀의 목표는 우승이지. 이 목표를 달성하기 위해 구성원 중 투수는 제구력이나 구위를 갈고닦아야 하고, 타자는 장타력이나 정교한 타격 능력을 좀 더 개발해야겠지. 이렇게 해서 야구팀이 우승을 하든 3등을 하든 어떤 성적을 거뒀을 때, 그 성적을 조직의 성과라고 할 수 있단다.

인사조직이란 조직을 이루는 사람들을 움직여서 조직의 목표를 달성하려고 하는 모든 활동이야.

오바른: 경영에서 인사조직은 구성원을 대상으로 이뤄지는 일이란 이야기네요. 이제야 좀 이해가 돼요. 크게 어렵지는 않네요. 우리 주변에서 흔히 일어나는 일들과도 관련이 많은 것 같은데요.

조직의 성과는 사람의 마음에서 시작된다

전 교수: 조직의 목표를 달성하기 위해서는 무엇보다 사람의 마음을 잘 다뤄야 한단다. 바로 이 부분에서 마케팅과 인사의 차이점을 알 수 있지. 마케팅이 조직 밖에 있는 사람인 고객의 마음을 잘 다루는 일이라면, 인사는 조직 안에 있는 사람인 직원의 마음

을 조직의 목적에 잘 붙들어 매는 것을 목적으로 하거든. 구성원의 마음을 잘 다스려야 조직의 성과도 따라오는 법이니까.

나대로: 저도 이제 좀 이해가 됐어요. 그럼 인사는 직원들의 마음을 얻기 위해 어떤 일들을 해야 하나요?

전 교수: 나는 인사조직에서 가장 중요한 것은 공정이라고 생각한단다. 조직의 인사 결정이 공정할 때 직원들의 조직몰입이 제고되고, 직무만족도가 높아지거든.

나대로: 교수님, 갑자기 또 어려워졌어요. 공정? 조직몰입 제고? 이게 무슨 말인가요? 직무만족도도 모르겠어요.

전 교수: 공정의 의미부터 살펴볼까? '공정'이란 평소에 자신과 친하든 친하지 않든 차별하지 않고 똑같은 기준으로 평가한다는 뜻이란다. 공정한 담임선생님은 어떤 학생이 자신의 말을 특별히 잘 듣는다고 해서 더 좋은 성적을 주지는 않겠지? 회사 사장도 직원 각자의 성과에 따라 대우를 달리해야지, 자신과의 관계에 따라 대우를 달리하면 안 되겠지? 이런 기준을 '조직공정성'이라고 부른단다. 이 정도면 이해가 될까?

나대로: 네, 교수님.

전 교수: 그럼 이어서 조직몰입도 알아보자꾸나. '조직몰입'이란 자신의 조직에 충성을 다하는 것을 의미해. 직원들이 자기 조직을 자기 가정처럼 사랑하고, 늘 함께하고 싶어 하는 마음을 조직

몰입이라고 부르지. 당연히 조직 몰입이 높은 직원이 많으면 그 조직은 발전할 수밖에 없고 말이야.

'직무만족'은 직원들이 자신의 일에 만족감을 느끼는 상태를 말해. 근무 여건이나 급여 수준도 큰 영향을 미치지만, 동료나 상사와의 인간관계나 맡은 일이 얼마나 재미있고 보람이 있는지도 큰 영향을 미친단다.

공정한 조직이란

오바른: 처음 설명해주신 조직공정성에 대해 질문이 있어요. 조직이 공정하다는 건 어떻게 알 수 있어요?

전 교수: 좋은 질문이구나. 조직공정성은 ① 분배적 공정성부터 시작해 ② 절차적 공정성을 거쳐서 최근에는 ③ 상호작용적 공정성과 ④ 정보의 공정성, 이렇게 네 가지 차원으로 보고 있단다. 너희는 이제 막 입문하는 단계니 일단 ①과 ②만 알아보기로 할까?

첫 번째인 분배적 공정성이란 조직 내 자원, 즉 월급이나 보너스 등이 얼마나 공정하게 분배되는지를 의미해. 그러니까 개인의 능력이나 노력, 성과에 따라서 월급과 보너스가 차등적으로 분배된다는 거지. 예를 들어 능력이 뛰어나고 높은 성과를 올린 사람이 주어진 일을 제대로 하지 못한 사람과 같은 급여를 받는

14살의 CEO 수업

다면, 그건 평등할지는 모르겠지만 공정하지는 않지.

나대로: 그래도 회사에 같은 해에 들어갔으면, 월급도 똑같이 받아야 공평한 거 아닌가요?

전 교수: 네가 말하는 급여체계를 연공급이라고 한단다. 연공급은 해가 지나면서 매년 호봉(급여의 등급)이 올라가지. 구성원들에게 안정감을 줄 수는 있어. 하지만 아무리 노력해도 급여에 반영되지 않는다면, 구성원이 군이 회사 발전을 위해 노력할 이유가 있을까? 연공급은 안정적이지만 동기를 부여하는 급여체계는 아닌 거야.

오바른: 그러니까 공정하다는 것이 모두를 똑같이 대우하는 것은 아니라는 말씀이군요.

전 교수: 그렇지. 공정이란 (누구나 동의할 만한) 합리적인 기준을 모두에게 차별 없이 적용하는 거야. 더 노력하든 아예 노력하지 않든, 능력이 있든 없든 구성원들을 똑같이 대우하는 것은 공정하다고 볼 수 없어. 조직에서는 합리적인 근거에 의해 정당하게 차등해야 개인들에게 더 노력할 동기가 부여된다고 볼 수 있지.

나대로: 이제 분배적 공정성이 뭔지 알 것 같아요. 일한 만큼 배분받는다. 그런 거죠?

전 교수: 그래, 바로 그게 분배적 공정성의 핵심이란다.

나대로: 그럼 절차적 공정성은 뭔가요?

전 교수: 절차적 공정성은 분배적 공정성이 연구된 지 10년쯤 뒤에 나온 개념이야. 분배적 공정성이 경제적 차원의 공정성이라면, 절차적 공정성은 사회적 차원의 공정성이라고 볼 수 있단다.

오바른: 음······.

전 교수: 자자, 내 말을 잘 들어봐. 절차적 공정성의 기준은 경영진이나 창업주가 일방적으로 정할 수 없어. 구성원들이 그 기준을 수용할 수 있느냐가 중요하지. 구성원들이 불공정하다고 생각하면 묵묵히 수용하지 않고 이의를 제기할 수 있도록 절차를 마련해야 한다는 점에서 민주적이고 사회적인 개념이야.

나대로: 어렵네요. 실제로 절차적 공정성이 지켜진 적이 있나요?

전 교수: 회사마다 다르겠지만 사회가 민주화되면서 분배적 공정성 못지않게 절차적 공정성의 기준 또한 중요해졌지. 그래서 직원들의 합리적인 요구나 이의 제기를 마냥 외면하기는 어려운 시대가 됐단다. 사회가 발전할수록 회사에서도 절차적 공정성의 중요성이 더 커졌다고 볼 수 있어.

기업 경영진은 직원들을 공정하게 관리하기 위해 다양한 입사 기준과 성과 기준을 정해놓는단다. 그리고 그 기준에 미달하는 직원들을 징계하거나 해고하기도 하고. 반면 탁월한 직원들에게는 몇 배나 되는 보상을 안겨주지. 마치 너희가 공부를 잘하면 선생님이나 부모님에게 칭찬과 선물을 받고, 공부를 게을리하거나 못하면 혼이 나는 것과 비슷한 이치란다.

그런데 이 기준이 일관성 없이 경영진 마음대로 그때그때 달라진다면 어떻겠니?

나대로: 직원들이 불만스럽겠죠. 어떻게 해야 하는지 몰라서 혼란스럽기도 하고요.

전 교수: 그렇지. 대로가 말한 문제들이 생기지 않도록 명확하고 합리적인 기준을 만들고 일관되게 적용해야 할 필요가 있어. 이 절차적 공정성이 지켜진 예로, 최근에 현대자동차가 관리자의 승인 없이 자기 파트만 조립하고 조기 퇴근한 직원들을 해고한 경우를 들 수 있지. 그 직원들은 회사에서 정한 성과 기준인 근무 시간을 준수하지 않았고, 이 때문에 회사로부터 징계를 당한 거야. 정당한 절차를 거쳐 인사 조치가 취해졌기에 절차적 공정성을 지킨 결과라고 볼 수 있어.

공정한 조직이 강하다

오바른: 조직의 공정성 중에서 분배적 공정성과 절차적 공정성의 차이를 잘 알겠어요. 그런데 조직이 공정하지 못하면 어떤 일이 일어나나요?

전 교수: 조직이 공정하지 못한 것에 크게 실망한 사람들 중 조직에 대한 애착이 큰 사람은 조직을 변화시키기 위해 강렬하게 항

의할 거야. 조직에 대한 애착이 적은 사람은 조직을 떠나고. 그리고 소극적인 사람은 업무를 게을리하거나 조직에 대해 냉소적인 태도를 취하겠지. 결과적으로 개인의 업무 성과나 조직에 대한 몰입, 조직시민행동이 모두 낮아진단다.

앞에서 조직몰입은 조직에 충성하는 거라고 말했는데, 더 자세히 말하면 조직에 애착을 느끼고, 조직의 목적이나 성과를 위해 자신을 헌신하는 상태야. 그러니까 구성원들의 조직몰입이 전반적으로 낮아지면, 시간이 흐를수록 개인의 성과도, 조직의 성과도 낮아지지.

나대로: 어려운 말들이 너무 많네요. 조직시민행동이란 뭔가요?

오바른: 시민행동이니까…… 자기 일 말고도 조직 내 다른 사람들을 잘 도와주는 행동 같은 걸까요?

전 교수: 바른이 센스가 대단하구나. '조직시민행동'이란 조직의 룰을 잘 지키고, 다른 구성원들이 조직에 잘 적응하도록 도와주는 자발적인 행동을 의미한단다. 조직의 기준에 의해 정해진 보상을 받는 역할 내 행동(in-role performance)과 구분되는 '역할 외 행동(extra-role performance)'이라고 볼 수 있지. 조직에게 구체적인 보상을 받지는 않지만, 조직시민행동이 많아야 구성원들의 관계가 좋아지고, 결과적으로 더 좋은 성과를 낼 수 있어.

나대로: 조직시민행동이 높은 조직은 어떤 특성이 있나요?

전 교수: 이건 예를 들어서 이야기하는 게 더 이해가 쉽겠구나. 혹시 농구 좋아하니? 미국 프로 농구인 NBA에서 있었던 일을 예로 들어볼게.

2004년 NBA에서는 코비 브라이언트가 이끄는 LA 레이커스라는 팀이 아주 막강한 전력을 자랑했단다. 주전 선수 5명이 거의 올스타급이었어. 코비 브라이언트, 샤킬 오닐을 비롯해서 칼 말론, 게리 페이튼까지, 워낙 기량 좋은 선수들이 많아서 정규 시즌 성적도 좋았고, 플레이오프에서도 승승장구해서 결국 결승까지 갔지.

나대로: 교수님, 너무 흥분하시는 거 아니에요? 엄청난 팬이신가 봐요. 하하.

전 교수: 내 정신 좀 보게. 아주 예전부터 좋아했거든. 아무튼 이렇

게 막강한 LA 레이커스가 최종 우승 팀을 가리는 NBA 파이널에서 상대적으로 무명 선수들로 이루어진 디트로이트 피스톤즈라는 팀한테 크게 패하고 말았어. 포지션별로 비교하면 LA 레이커스의 스타들보다 뛰어난 선수가 하나도 없는데, 어떻게 디트로이트가 올스타 팀을 이길 수 있었을까?

오바른: 혹시 팀워크가 엄청 좋았나요?

전 교수: 맞아. 스포츠는 개개인의 기량도 중요하지만 팀 케미스트리(team chemistry)도 중요하거든. 디트로이트 선수들은 자신의 기록보다는 팀의 승리라는 조직의 목표를 향해 자발적으로 허드렛일을 했어. 득점이나 리바운드같이 개인이 돋보이는 일보다 에이스 진로 방해하기, 몸싸움, 스크린 등 눈에 잘 띄지는 않지만 팀이 승리하는 데 밑거름을 놓는 수비가 아주 강한 팀이었단다. 그래서 상대는 아주 고전할 수밖에 없었고, 결국은 패권을 디트로이트에게 내주고 말았지.

조직에서 타인을 돕는 행동 등은 빛나진 않지만 결국 조직의 성과를 향상시키는 데 큰 도움이 돼. 도움 행동과 같은 이런 허드렛일에 해당하는 것을 조직시민행동이라고 볼 수 있어.

나대로: 조직시민행동이 높은 조직에서는 구성원들이 자신의 성과보다 조직을 먼저 생각하겠네요.

오바른: 그리고 조직시민행동이 낮은 조직에서는 구성원들이 조

　　　　　　　　　　　　　　　　14살의 CEO 수업

직보다는 각자의 성과에 집중하고요?

전 교수: 그래, 둘 다 잘 말했다. 조직이라는 것이 묘해서, 구성원들이 각기 잘한다고 해서 성과가 나는 게 아니거든. 구글이나 페이스북처럼 뛰어난 인재들로 이루어진 조직도 리더가 구성원들에게서 협력과 희생을 끌어내지 못했다면 지금만큼 성장하기는 어려웠을 거라고 봐, 나는.

오바른: 결국 조직이 공정해야 조직 속 개인들의 조직몰입과 조직시민행동이 증가한다는 말씀이네요. 그래야 조직이 뛰어난 성과를 낼 수 있고요. 결국 인사에서 가장 중요한 것은 조직의 공정성이군요!

전 교수: 맞아, 지금까지의 이야기를 바른이가 잘 요약해줬구나.

내재적 동기부여의 중요성

전 교수: 이제 처음으로 돌아가보자. 조직 구성원들이 자신의 직무에 만족하고 조직에 몰입하게 하려면 인사에서 공정성 말고 또 어떤 것들을 중요하게 다뤄야 할까?

나대로: 어떤 조직이든 제가 만족할 수 있으려면 열심히 하려는 마음이 들어야 할 것 같아요. 또 제 능력이 계속해서 발전하면 기분이 좋을 것 같아요.

전 교수: 그래, 성과를 내는 데 동기부여만큼 좋은 것도 없지. 강압

적인 지시에 의해 성과를 내는 데는 한계가 있으니까. 인간은 뭘 하든 자발적일 때 최대의 결과가 나오는 법이지.

또 인간은 무엇보다도 뭘 잘한다는 것에서 만족감을 느끼는 존재야. 그러니 조직에서 자신에게 부여한 일을 통해 그 분야 역량이 발전한다면 더할 나위가 없겠지.

오바른: 조직에서 인정을 받아야 매년 인사 평가에서 승진하고 연봉이 오르는 것 아닌가요? 이것을 위해 다들 열심히 일하고 자신의 역량을 발전시키는 것이고요.

전 교수: 바른이가 보기보다 참 현실적이네. 그런데 잘 생각해봐. 너는 오직 높은 평가를 받아서 좋은 대학에 들어가기 위해서만 열심히 공부하니? 이렇게 말해서 미안하지만, 만약 목표로 한 대학에 아쉽게 떨어진다면, 능력을 개발하면서 열심히 보낸 고등학교 생활을 두고 실패한 거라고 말할 수 있을까?

오바른: 목표를 달성하지 못했으니까 실패라고 말할 수 있겠죠. 그렇지만 원하는 대학에 가지 못하더라도 제 고등학교 생활이 다 무의미하지는 않을 것 같아요.

나대로: 맞아, 목표하는 대학에 진학하겠다는 마음이 열심히 공부할 동기를 부여해줬고, 그렇게 공부한 것이 어디로 가는 건 아니잖아. 다 머릿속에 남아 있지.

전 교수: 열심히 공부해서 자신이 정해놓은 초기의 목표를 달성하

면 좋겠지. 하지만 그런 외적인 목표를 달성하지 못한다고 해도, 내공이 쌓였으니 어느 정도 목표를 달성했다고 볼 수 있지 않을까? 경영학에서는 이것을 객관적인 경력 성공과 비교해서 '주관적인 경력 성공'이라고 부른단다.

심리학에서는 목표를 외재적인 목표와 내재적 목표로 나누지. 외재적 목표는 지금 자신이 하고 있는 활동의 바깥에 있는 목표고, 내재적 목표는 그 활동 자체가 목표인 것을 의미해. 가령 입시 공부는 대학에 입학하기 위한 수단이라는 점에서 대학 입학은 외재적인 목표라고 할 수 있어. 반면 게임이나 스포츠는 그 자체를 즐기면서 잘하기 위해 한다는 점에서 내재적인 목표라고 할 수 있고.

바른이에게 대학 입학은 외재적 목표일 거야. 그런데 공부를 잘하는 것 자체가 즐거워져서 더 열심히 공부하는 내재적 목표가 된다면, 그것이 외재적 목표보다 훨씬 더 강한 동기를 부여한단다.

오바른: 외재적 동기부여보다 내재적 동기부여가 더 강하다는 말씀이군요.

일과 놀이의 경계가 무너질 때

전 교수: 너희도 잘 아는 구글의 창업자인 세르게이 브린과 래리 페이지 이야기를 해줄게. 두 사람은 인터넷 세상의 모든 것을 검색할 수 있는 엔진을 만드는 것이 꿈이었지. 그래서 허름한 창고에서 이 일에 열정적으로 매달렸고, 오늘의 구글을 창업하기에 이르렀어. 그런데 한 평론가의 말을 들어보면, 그들이 열심히 일한 것은 누가 시켜서도 아니고, 큰돈을 벌기 위해서도 아니었다고 해. 오직 검색엔진을 만드는 일 자체가 좋아서 그 일에 매달렸고, 결국 일과 놀이의 경계가 무너지면서 그 일에 빠져들게 된 것이지. 재미를 느껴서 자기 일에 몰입한 결과, 큰돈을 벌게 된 거야. 처음부터 큰 사업을 일으키려고 시작한 것이 아니라.

너희도 어떤 일을 외적인 목표를 달성하기 위한 의무감이나 수단으로만 여기지 않았으면 좋겠어. 물론 목표가 없는 것보다는 있는 것이 결과가 좋겠지. 그러나 외적인 목표를 추구하는 사람은 그 일 자체가 좋아서 몰입하는 사람을 능가할 수는 없을 거야. 너희가 자라서 직업을 택해야 할 때 일과 놀이의 경계를 잊을

수 있느냐를 기준으로 삼으면 좋겠구나.

오바른: 일을 놀이라고 여기다니 참 부럽네요.

전 교수: 앞에서 조직몰입에 대해 이야기를 나눴는데, 최근에는 업무몰입, 경력몰입 같은 말들이 더 유행하고 있어. 자신이 속한 조직보다는 자신의 일이나 경력에 더 몰두한다는 의미지. 예전에는 조직이 구성원들의 평생직장이었지만, 요즘은 평생 고용을 보장해주는 데가 드물거든. 그래서 사람들이 조직보다는 자신의 능력을 보여줄 수 있는 직무 능력이나 경력을 개발하는 데 더 집중하게 된 거야.

그런데 조직몰입에는 정서적 몰입, 규범적 몰입, 계산적 몰입, 이렇게 세 가지 차원이 있다고 해. 이 중에서 가장 강력한 몰입은 자신이 좋아서 몰입하는 정서적 몰입이야. 조직에 많은 은혜를 입었기 때문에 이제는 갚아야 한다는 의미에서 몰입하는 규범적 몰입이나, 이 조직에 계속 남아 있는 것이 더 낫다는 계산에서 몰입하는 계산적 몰입보다, 조직이 너무 좋아서 애착하고 남아 있고 싶어 하는 정서적 몰입이 더 강력하지 않겠어? 도덕이나 규범, 계산보다는 정서가 인간을 행동하게 만드는 더 강력한 동기니까.

무엇보다 자신이 하는 일과 몸담고 있는 조직에 정서적으로 몰입하고 있는 사람은 행복해. 그리고 이와 같은 몰입은 자신이 좋아서 하는 것이기 때문에 외부의 보상이 없이도 오래가지.

BOX 1. 조직의 리더란

조직의 리더는 조직의 비전과 미션을 구성원들에게 제시합니다. 비전은 미래에 달성할 구체적인 목표입니다. 미션은 조직이 존재하는 이유입니다.

많은 기업이 사업을 통해 큰 이익을 거두고자 노력하면서도, 한편으로는 손실을 감수하면서까지 미션을 반드시 달성하려 합니다. 가령 어떤 기업의 미션이 고객들의 건강하고 행복한 삶이라고 합시다. 이 기업이 새로 출시한 제품이 고객의 건강을 해쳤다면 어떻게 해야 할까요? 제품을 모두 회수하고, 고객이 치료받을 수 있도록 많은 금액을 배상해야 할 것입니다.

이런 사건은 기업에 막대한 손실을 입히기에 큰 위기라고 할 수도 있어요. 그러나 잘만 대응하면 기회가 될 수도 있죠. 막대한 손실을 감수하고 고객의 건강을 책임지려는 모습을 본 고객들은 그 기업을 좋은 이미지로 기억할 거예요. 이는 재정적인 손실을 능가하는 사회적인 가치가 있습니다.

약 40년 전에 존슨앤드존슨이라는 회사에서 실제로 있었던 일입니다. 회사는 자신들의 제품 때문에 손해를 입은 고객에게 묵묵히 배상했고, 이로 인해 막대한 손실을 입었어요. 하지만 고객들에게

존슨앤드존슨이 이익보다는 미션에 충실한 회사라는 이미지를 각인시키는 데는 성공했죠.

이렇게 조직의 수익보다 더 중요한 조직의 방향을 설정하고, 구성원들이 회사의 비전을 마음에 품고 목표를 향해 달려가게 만드는 것이 조직의 최고 리더가 해야 하는 가장 중요한 일입니다.

조직이 크면 최고 리더 아래 중간 리더가 있습니다. 기업에서 팀장이라고 부르는 중간 리더는 어떤 일을 할까요?

팀장은 팀 구성원들에게 일을 배분하고, 일을 잘할 수 있도록 역량 개발을 돕는 역할을 합니다. 잘한 점과 못한 점을 평가해, 일을 더 잘할 수 있도록 피드백을 주기도 하고요. 때가 되면 구성원들이 각자 맡은 일을 잘했는지 평가하고 그 결과에 따라 승진을 시킬지, 월급을 올려줄지 등을 결정하는 역할도 해요.

이때 가장 중요한 것이 뭘까요?

네, 맞습니다. 리더는 반드시 일관된 기준을 가지고 공정하게 평가해야 합니다. 자신과 친한 팀원들에게는 높은 점수를 주고 사이가 소원하거나 눈 밖에 난 팀원들에게는 낮은 점수를 준다면, 아마도 팀원 대부분이 일을 열심히 해서 좋은 평가를 받기보다는 팀장의 눈에 들기 위해 노력하겠죠.

그럼 어떤 일이 생길까요? 능력이 뛰어난 팀원들이 팀에 실망하고 다른 팀으로 가고 싶어 할 것입니다. 그리고 그 자리를 능력은 부족하지만 아부에 능한 팀원들이 채우겠죠. 그렇게 되면 그 팀은 높은 성과를 내기 어려워질 것이고, 분위기도 점차 혼탁해질 것입니다. 그래서 팀장들은 무엇보다 올바른 평가 기준을 세우고, 그 기준에 따라 팀 구성원들을 공정하게 평가해야 해요. 팀의 리더가 공정해야 구성원들에게 조직의 목표를 달성하기 위한 동기를 부여할 수 있어요.

우리나라 축구 대표 팀을 월드컵 4강까지 진출시켰던 히딩크 감독을 떠올려보세요. 히딩크 감독은 우리나라 축구의 고질적인 문제였던 연령, 연고 위주의 조직 문화를 바꾸기 위해 매우 노력했어요. 축구에서 연령 위주의 질서가 왜 문제가 될까요? 고참이 요구하면 후배는 내키지 않아도 그에게 패스할 수밖에 없잖아요. 공을 가진 선수가 가장 좋은 위치에 있는 동료에게 패스할 수 있도록 만들기 위해서는 선후배 사이의 엄격한 위계 관계를 와해시킬 필요가 있었던 것입니다. 히딩크 감독은 체력과 기술이라는 공정한 기준을 가지고 선수를 선발했어요. 그 결과, 우리가 잘 알다시피 실력은 뛰어난데 무명이었던 박지성 선수나 이영표 선수가 스타가 될 수 있었고요.

이처럼 조직의 리더는 팀 목표 달성을 위해 미션과 비전을 세우고, 엄격한 성과 기준을 정해 팀원들을 공정하게 평가해야 합니다.

2.

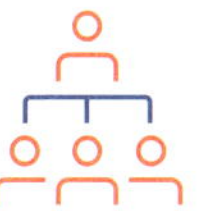

핵심 이슈:
사회적 교환 관계 이해하기

사회적 교환 이론

지금까지 인사조직에 대해 함께 공부해봤습니다. 인사조직을 한 문장으로 정리하면 "직원의 마음에 동기를 부여해 조직의 성과 향상을 끌어내는 모든 활동"이라고 할 수 있습니다.

이제는 조직과 직원의 관계를 좀 더 깊이 이해하기 위해 사회적 교환 이론(Social Exchange Theory)을 공부해봅시다.

조직과 직원이 맺는 공식적인 관계는 '경제적 교환 관계(Economic Exchange)'입니다. 직원이 회사에 들어가는 목적은 회사와 경제적 교환 관계를 맺기 위해서입니다. 직원은 노동을 제공하고, 그 대가로 임금을 받아 생활을 영위하죠. 집주인과 세입자의 관계도 경제적 교환 관계라고 할 수 있어요. 세입자는 집을 사용하는 대가로 집주인에게 정해진 월세를 내죠.

경제적 교환 관계는 정확하고 엄격합니다. 교환 내용은 공식적인 문서로 작성되며, 이를 지키지 못하면 법적인 제재를 받을 수 있습니다. 은행 대출을 한번 생각해보세요. 대출을 받은 사람은 정해진 기한 안에 원금을 갚아야 할 뿐만 아니라 기한이 연장되면 이자까지 줘야 합니다.

이런 경제적 교환 관계에 비해 '사회적 교환 관계(Social Exchange)'는 친구 사이 같은 다소 느슨하고 비공식적인 관계를 가리킵니다. 우리가 친한 친구에게 뭘 받았다고 가정해봐요. 나중에 친구에게 받은 것 이상을 돌려줄 수도 있지만, 형편이 좋지 못하면 받은 것보다 적게 돌려주거나 심하면 아예 돌려주지 못할 수도 있죠. 이처럼 사회적 교환 관계에서는 계약이 아니라 서로의 마음이 가는 대로 주고받는 관계라고 할 수 있어요.

그렇기 때문에 사회적 교환 관계의 핵심은 양자 간의 호혜성(reciprocity)과 신뢰(trust)입니다. 호혜성이란 미래에 그가 나를 도와주리라 암묵적으로 기대하고 지금 그를 돕는 것을 말합니다. 경제적 교환 관계처럼 명시적인 것이 아니죠.

조직과 개인의 관계는 이런 인간관계와 다른 원리가 작동하지만, 양자가 바람직한 관계를 정립하기 위해서는 서로 호혜성의 동

   14살의 CEO 수업

기가 있으면 좋겠죠. 우선 조직이 아직 부족하지만 잠재력이 있는 구성원에게 베풀고 투자합니다. 구성원은 조직의 도움으로 성장하고나면 그 보답으로 조직 발전에 기여하기 위해 잠재력을 발휘하고요. 이런 사회적 교환 관계를 맺는 것이 바람직하겠죠.

다시 말해 호혜성은 상대의 성장과 관계에 대해 일차적인 관심을 갖고, 자신이 가지고 있는 자원을 나눠주는 일이라고 볼 수 있습니다. 이 관계에서는 자신의 이익보다는 관계가 지속되는 것이 더 중요합니다.

호혜성은 신뢰를 전제로 합니다. 서로 돕는 관계인 협력 관계와 유사하지만, 다른 점도 많습니다.

무엇보다 협력은 상호적입니다. 내가 도우면 상대도 나를 도와줄 것이란 계산이 전제돼 있습니다. 다시 말해 협력은 상대의 리턴에 대한 긍정적인 기대를 토대로 관계를 맺는 것입니다.

이에 비해 신뢰는 상대가 도와주리라 긍정적으로 기대하는 한편 자신의 취약한 점을 상대에게 공개하기 때문에 배신당할 위험을 전제로 합니다. 다시 말해 협력 관계에서는 상대가 도와주길 거부하면 일을 혼자 하거나 다른 파트너를 찾으면 되지만, 신뢰 관계에서는 상대가 신뢰를 깨뜨리면 자신의 처지가 위험해지거나 돌이킬 수 없는 상황에 처합니다. 이런 점에서 신뢰는 협력보다 까다로운 상호 관계라고 볼 수 있습니다.

결과적으로 상대가 협력을 거부하면 서운하기는 하겠지만 양자가 적대적인 관계가 되지는 않습니다. 그러나 보다 밀접한 관계인 신뢰가 깨지면, 양자는 동지에서 적으로 바뀔 수 있습니다. 사람 간에 또는 사람과 조직 간에 높은 신뢰를 쌓으려면 많은 세월이 필요한데, 붕괴되는 것은 순식간입니다. 그리고 서로의 취약점을 잘 알기 때문에 신뢰 관계가 깨지는 것에서 그치지 않고, 서로를 위험에 빠뜨리는 행동을 할 수도 있습니다.

가령 부하와 상사는 함께 일하면서 서로의 장점으로 시너지를 얻을 것입니다. 하지만 동시에 일에 관한 핵심 정보를 공유하면서 부하는 상사의 약점을, 상사는 부하의 약점을 어쩔 수 없이 알게 됩니다. 이를 누군가에게 누설하는 순간, 서로에 대한 신뢰가 깨지고 어제까지 동지였던 부하와 상사가 오늘부터는 적으로 변할 수도 있어요.

최근에 우리나라 대기업 임원들이 중국의 경쟁 기업으로 이직하면서 핵심 원천 기술을 넘기는 경우가 비일비재합니다. 개인이 자신의 경제적 이익을 위해 조직을 배신한 경우죠.

반대로 조직 또는 조직의 대리인이 조직에 충실한 개인을 배신하는 경우도 많습니다. 가령 상사가 팀원에게 어떤 프로젝트를 성공시키면 엄청난 보상을 하겠다고 약속해놓고, 나중에 그 공을 가로채거나 약속한 수준보다 약소한 보상을 하기도 하죠.

이때 상사나 조직에게 배신당한 개인은 어떻게 행동할까요? 아마도 상사 또는 조직에 환멸을 느끼고, 더 이상 신뢰하지 않게 되지 않을까요? 일에 태만해거나, 다른 조직으로의 이직을 결심할지도 모릅니다.

이처럼 조직과 개인이 서로 신뢰하면 여러 가지 좋은 결과를 얻겠지만, 신뢰가 붕괴되면 그 부작용도 만만치 않습니다. 그래서 믿을 만한 사람이나 조직을 선택하는 안목이 조직에게도, 개인에게도 필요합니다.

이렇듯 조직 내 인간관계는 경제적 교환 관계뿐 아니라 사회적 교환 관계로도 설명할 수 있습니다. 그런데 만약 조직과 개인, 개인과 개인 사이에 사회적 교환 관계가 잘 성립돼 있지 않다면 어떤 일이 발생할 수 있을까요?

조직과 개인이 상호 호혜적인 관계를 맺지 못하면, 양자의 관계는 계약서로 정해놓은 내용에 좌우될 수밖에 없습니다. 상사는 부하를 믿지 못하니 자신의 취약한 부분을 공개하지 않을 것이고, 부하는 조직에 몰입하거나 상사를 위해 일하기보다는 자신의 이익을 극대화하기 위해 노력하겠죠.

바로 이런 이유 때문에 조직과 구성원은 경제적 교환 관계에서 출발하지만, 이에 머물지 않고 사회적 교환 관계로 발전하는 것이 바람직합니다.

다음은 조직 내 사회적 교환 관계 중에서도 가장 중요한 관계라고 할 수 있는 상사와 부하의 교환 관계에 대해 알아보겠습니다.

상사와 부하의 교환 관계

조직 안에는 다양한 사회적 관계가 있습니다. 직급이 같은 동료 간 관계와 같은 수평적인 관계도 있고, 대표와 직원 간 관계와 같은 수직적인 관계도 있습니다.

그중에서도 가장 중요한 사회적 관계는 한 부서 안에서 밀접하게 상호작용하는 '상사와 부하의 교환 관계(Leader-Member Exchange, LMX)'라고 할 수 있습니다. 교환 관계라고 말하는 이유는 같이 일하며 많은 자원을 공유해야 하기 때문입니다.

이 관계가 왜 가장 중요할까요? 조직에서 직원들에게 필요한 자원을 공급하고, 업무를 평가하고, 승진이나 부서 이동 같은 인사를 결정하는 사람이 대표도, 부서장도 아닌 직속 상사이기 때문입니다. 그래서 상사와의 불편한 관계는 이직 사유 중 항상 매우 높은 순위를 차지합니다.

LMX는 상사와 부하 간 사회적 교환 이론인 동시에 리더십 이론으로 소개되기도 합니다. 전에는 리더의 특성이나 행동이 조직의 성과를 좌우한다고 여겨졌습니다. 또 상황에 따라 효과적인 리더십이 다르다고 생각됐죠. 가령 카리스마나 뛰어난 소통

14살의 CEO 수업

능력이 리더의 특성으로 거론됐습니다. 구성원의 능력이나 과업 성격에 따라 때로는 전제적인 리더가, 때로는 민주적인 리더가 효과적이라고 생각했죠.

1975년에 수직적 쌍 연계(Vertical Dyad Linkage, VDL) 이론이 소개되면서 조직의 성과는 리더가 독자적으로 창출하는 것이 아니며, 리더와 부하의 상호 관계가 영향을 미친다는 생각이 비로소 자리를 잡기 시작했습니다. '수직적 쌍 연계'란 조직에서 상사와 부하의 관계로, 수직적이면서 일대일이라는 특징이 있죠. 그러니까 리더는 그 자신의 능력이나 특성과 상관없이, 부하의 숫자만큼 다양한 사회적 교환 관계를 맺는 것입니다.

전통적인 리더십 이론에서는 리더의 효과가 평균적이며 동일하다고 여겨지지만, LMX 이론에서는 부하가 10명이면 서로 다른 관계 10가지가 존재한다고 가정합니다. 물론 좋은 리더라면 부하와 좋은 관계를 유지하는 경우가 더 많을 것이고, 나쁜 리더라면 좋지 못한 관계가 더 많겠죠. 어쨌든 리더가 다양한 교환 관계에 있기 때문에 어떤 부하와는 공동 작업으로 높은 성과를 내지만, 어떤 부하와는 소통이 잘되지 않아 낮은 성과를 내기도 합니다.

LMX 이론으로 역사적 위인의 리더십을 살펴보면, 대단한 성과를 거둔 리더 옆에는 능력 있는 참모가 있었다는 것을 알 수 있어요. 가령 세종대왕이나 이순신 장군이 엄청난 리더임에는 분명하지만, 그들이 위대한 성과를 거둘 수 있었던 데는 위대한 부하들과의 교감과 좋은 관계가 큰 역할을 했다고 할 수 있어요. 세종대왕에게는 황희 정승과 장영실, 그리고 집현전 학자들이 있었고, 이순신 장군에게는 그가 올바르게 판단하도록 도운 숨은 참모들이 있었고요.

그 밖에도 리더가 참모의 도움으로 난관을 극복하고 엄청난 성과를 낸 사례는 수없이 많습니다. 애플의 스티브 잡스도 천재적인 기술자인 워즈니악의 도움이 없었다면 혁신적인 맥 컴퓨터를 만들지 못했을 것입니다.

이처럼 조직의 성과는 리더와 부하의 관계가 중요한 영향을 미칩니다. 결국 LMX 이론은 리더와 부하의 사회적 교환 관계의 질이 양자의 관계에 대한 만족감뿐 아니라 팀이나 조직의 성과에도 큰 영향을 미친다는 것을 암시하는 이론입니다.

LMX의 질이 높은 그룹은 인그룹(in-group), 낮은 그룹은 아웃그룹(out-group)이라고 부릅니다. 요즘 말로 하면 인싸와 아싸라고 할 수 있겠네요. 상사는 LMX의 질이 높은 인싸 직원에게 조직에서 정해놓은 공식적인 지원 외에도 비공식적인 지원을 해줍니다. 인싸 직원을 믿기 때문에 더 중요한 업무를 주고요. 해당 직원은 그 업무를 열심히 해서 성과를 내면, 본인의 역량도 더 발전시키고, 향후에 더 높은 성과를 낼 수 있는 기회도 얻겠죠. 반대로 아싸들에게 상사는 공식적인 지원만 제공합니다.

이렇게 상사는 모든 부하와 비슷한 수준의 관계를 맺지 않고, 관계의 질에 따라 차별적으로 대합니다. 이런 차별적인 관계의 결과로 인싸는 아싸에 비해 업무 성과가 더 높고, 조직에 더 헌신적이고, 다른 동료들을 돕는 조직시민행동도 더 많이 할 수 있습니다. 반면 아싸는 상사로부터 충분히 지원받지 못하기 때문에 조직 목표에 대해 소극적이고, 인싸를 질투하거나 다른 동료를 잘 돕지 않고, 결과적으로 업무 성과도 낮을 가능성이 높습니다.

어떻게 하면 아싸의 소외감이나 질투 같은 부정적인 현상을 극복할 수 있을까요?

앞서 말한 조직공정성 이론이 LMX 이론의 단점을 보완할 수 있습니다. 차별적 관계를 전제로 하는 LMX와 직원들을 차별 없이 대하라는 조직공정성은 일견 상호 모순적인 것처럼 보입니다. 그러나 조직공정성이란 기회 제공의 측면에서 직원들을 차별하면 안 된다는 것이지(equality), 더 노력하거나 능력이 더 뛰어난 직원에게 주는 보상에 차등을 둬서는 안 된다고 보지는 않습니다(equity). 당연히 조직공정성 이론에서도 일 잘하고 노력하는 직원에게 더 많은 인정과 보상, 승진이 따라야 한다고 봅니다. 그렇기 때문에 조직공정성 이론이 LMX 이론과 본질적인 면에서 모순된다고 볼 수는 없습니다.

조직에서 차등이란 역량, 노력, 성과에 따라 정당하게 차별하는 것입니다. 차등은 기회는 평등하지만, 과정에 따라서 결과는 불평등할 수 있음을 전제합니다. 만약 상사가 업무 외의 이유로 부하를 편애한다면 공정하지 않기 때문에, 다른 직원들에게 좋지 않은 영향을 미칠 것입니다. 하지만 부하의 뛰어난 업무 수행 능력이나 밤새워 노력하는 점을 높이 사 좋은 관계를 맺고, 이런 일이 반복돼 두 사람 사이에 높은 LMX가 형성됐다면 오히려 공정하다고 할 수 있지 않을까요?

물론 현실적으로 이렇게 올바른 방식으로 LMX가 형성되기란 어렵습니다. 상사도 인간인 이상 업무 스타일이 더 잘 맞는 부하가 있을 테니까요. 그러니 모든 부하와 높은 LMX를 형성하기란 이론적으로는 가능할지 몰라도, 현실에서는 가능하지도 바람직하지도 않습니다. 다만 상사로서 조직공정성을 해치지 않기 위해서는 업무 이외에 다른 이유로 특정 부하와 높은 LMX를 형성하는 것은 피하는 편이 좋습니다. 가령 같은 지역이나 학교 출신이라고 편애하거나, 인종과 종교가 다르다는 이유로 낮은 수준의 LMX를 형성한다면, 그런 상사는 조직 입장에서 바람직하지 않을 것입니다.

3.

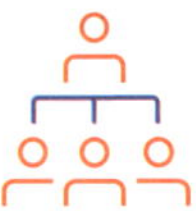

인사조직 전문가 되는 길: 기업 인사팀장

이제 딱딱한 이론 이야기는 그만하고, 마지막으로 조금 현실적인 이야기로 넘어가보겠습니다.

경영학에서 인사조직을 배우면 어떤 일에 종사할 수 있을까요? 회사 안에서는 인사팀장이 될 수 있고, 회사 밖에서는 노무사나 컨설턴트가 될 수 있습니다.

회사에는 부서가 참 많습니다. 앞서 천 교수님이 말씀하신 제품 판매와 연관된 마케팅 부서, 자본의 유입 및 투자와 관련된 재무 부서, 자본, 부채, 자산 등이 들고 나는 것을 기록하고 관리하는 회계 부서 등이 있죠. 또 생산 현장에서 효율적인 생산 활동을 관리하는 생산관리 부서도 있습니다.

그럼 인사 부서는 어떤 일을 할까요?

먼저 '채용'에 관한 업무를 합니다. 인사팀장은 어떤 부서에 어떤 인재가 얼마나 필요한지 알아보고, 적절한 인재를 모집해 선발합니다.

가령 조직의 어떤 부서에서 소프트웨어를 개발할 사람이 필요하다고 해봅시다. 우선 어떤 경력과 자격을 가진 인재가 필요한지를 정해야 합니다. 인사팀장이 해당 부서의 사정까지 상세히 알 수는 없으니, 해당 부서 팀장과 긴밀하게 논의하는 과정이 필요하겠죠. 관련 분야 학사 학위라든지, 회사 경험 3년이라든지 이렇게 자격을 정해놔야 조직에서 필요로 하는 사람이 지원할 것입니다. 그러지 않으면 자격도 갖추지 못한 사람을 선별하느라 시간을 낭비해야 합니다.

다음으로는 구인 사이트나 신문 등 가능한 수단을 동원해 자격을 갖춘 사람들에게 조직에 지원하라고 홍보해야 합니다. 이를 '모집'이라고 하는데요. 보통 필요로 하는 인원보다 모집된 인원이 많아야 합니다. 예를 들어 두 명 중 한 명을 뽑을 때보다는 10명 중 한 명을 뽑을 때 더 우수한 사람을 선발할 가능성이 크겠죠.

이렇게 지원자를 모집했다면 서류 심사, 필기시험, 대면 면접 등을 통해 조직 업무에 제일 적합한 사람을 뽑는 절차가 필요합니다. 이를 '선발'이라고 합니다.

채용은 모집과 선발을 합쳐서 부르는 말입니다. 인사가 만사라는 말 들어봤나요? 좋은 사람을 뽑는 것만큼 조직을 이롭게 하는 일도 없답니다.

하지만 인재를 채용했다고 끝은 아닙니다. 교육 및 훈련에 관한 업무가 남아 있습니다. 조직에 들어온 사람은 부서에 배치되기 전에 짧게는 일주일, 길게는 6개월까지 조직에 대한 오리엔테이션을 받는데요. 이를 주관하는 것도 인사 부서입니다.

인재가 필요한 부서의 장은 오리엔테이션을 받고 부서에 배치된 신입 직원에게 업무를 주고, 필요한 지식이나 기술을 가르칩니다. 이를 OJT(On the Job Training)라고 해요. 조직 전체에 대한 입문 교육인 오리엔테이션은 인사 부서에서 실시하고, 구체적인 직무 교육은 배치받은 부서의 상사가 실시하는 것이죠.

조직 문화에 대한 오리엔테이션이 잘 이루어져야 직원이 회사에 만족하고 향후에 적응을 잘하겠죠? 이 외에도 직무와 관련 없는 전사적 교육이나 리더십 개발 교육은 인사 부서 중 교육 및 역량 팀에서 담당합니다.

이처럼 인사 부서에서는 조직과 부서에 필요한 사람을 모집해 선발하고, 조직 문화에 적합한 사람으로 변화시킵니다. 이를 '조직 사회화'라고 불러요. 회사원들을 보면 몸담고 있는 회사와 성향이 맞다는 것을 알 수 있는데요. 현대에 다니면 현대라는 조직에 맞게 사회화되고, 롯데에 다니면 롯데라는 조직에 맞게 사회화되기 때문이죠.

또 인사 부서는 매년 조직원이 속한 부서의 장의 도움을 받아, 나름의 기준을 가지고 조직원의 성과나 역량을 평가해 고과를 매깁니다. 이를 토대로 누구를 승진시킬지, 급여를 인상할지 등을 결정하죠.

여러분이 학교에서 수업을 받고 시험을 치르면서 담임선생님께 평가받듯이 회사원은 자신이 이룬 성과에 대해 상사와 인사 부서에게 평가를 받습니다. 성과 관리라고 부르는 이 일은 직장인들에 대단히 중요합니다. 성과가 좋지 못하면 동료만큼 월급이 오르지 않거나, 심하면 삭감될 수도 있거든요.

또 직장에서는 적당한 시기에 승진하는데요. 일을 잘해서 인

14살의 CEO 수업

정받으면 남들보다 빠르게 승진하기도 하고, 일에 대한 평가가 좋지 못하면 승진이 늦거나 제외될 수도 있어요. 학교에서 매년 3월이 되면 위 학년으로 올라가는데, 공부를 못한다고 유급당하면 얼마나 스트레스가 많겠어요. 직장인도 마찬가지랍니다. 그렇기 때문에 직장인에게 평가 권한이 있는 상사와 좋은 관계를 유지하는 것은 매우 중요하다고 할 수 있습니다.

오바른의 필기

- 인사: 직원의 마음을 움직여 조직의 목표를 달성하는 경영 활동
- 인사에서 가장 중요한 원칙: 공정성
    - 조직 공정성의 종류: 분배적 공정성, 절차적 공정성, 상호작용적 공정성, 정보의 공정성
    - 리더가 공정할 때 구성원들이 조직에 대해 더 만족함. 그 결과로 더 헌신하고 동료들도 더 잘 도와줌
- 리더: 조직의 미션과 비전을 제시하고, 구성원에게 동기를 부여해 조직의 목표를 달성하려고 노력하는 존재
- 사회적 교환 이론: 경제적 교환 이론과 구분. 조직과 직원의 관계는 경제적 교환 관계보다 신뢰에 기반한 사회적 교환 관계가 되는 것이 바람직함
- LMX 이론: 리더와 구성원의 사회적 관계에 따라 긴밀한 관계를 맺는 인싸와 형식적 관계를 맺는 아싸로 나뉨
- 인사 조직을 열심히 공부하면 할 수 있는 일: 인사팀장

나대로의 필기

마케팅은 고객의 마음, 인사는 직원의 마음

인사는 무엇보다도 공정해야 한다.

리더와 구성원의 교환 관계가 왜 중요하지?

LMX가 높은 건 차별이 아닐까?

직원이 조직과 리더에 만족해야 비로소 열심히 일할 마음이 생긴다.

리더가 공정하면서 구성원과 좋은 관계를 유지하는 것이 가능한가?

인사팀장이 돼볼까? 채용이나 평가는 재미있을 것 같아

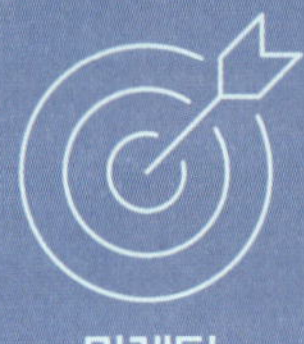

마케팅

인사조직

회계

재무

3부

숫자가 말해주는 비밀은?

_ 회계

1.

회계란 무엇인가

헌 교수: 얘들아, 반갑구나. 천 교수님한테 너희가 온다고 연락을 받아서 기다리고 있었단다.

나대로: 반갑습니다, 선생님. 아니 교수님!

오바른: 저도 반갑습니다. 교수님!

헌 교수: 그래. 내가 천 교수님한테 듣기로는 경영학 중 회계가 어떤 분야인지 너무 궁금해서 나를 직접 만나 이야기를 나누고 싶다고 했다는데, 맞니?

나대로: 솔직히 그 정도는 아니지만, 제가 워낙 이것저것 관심이 많습니다. 재미있게 알려주시면 금방 이해할 수 있어요. 하하하. 명쾌한 설명 부탁드립니다, 교수님.

헌 교수: 음, 역시 나대로 학생은 천 교수님한테 듣던 그대로구나! 좋다.

회계를 설명하기 전에 너희는 숫자 하면 머릿속에 어떤 이미지가 떠오르지? 인터넷에서 비슷한 이미지를 찾아서 보여주겠니? 아마 이런 것은 대로가 엄청 빠르겠지?

나대로: 네, 그럼요. 제가 인터넷하고는 완전 죽고 못 사는 사이거든요. 하하하, 벌써 찾았습니다. 여기요.

헌 교수: 오, 어디서 많이 본 그림이구나. 왜 이 그림을 찾았는지 간단히 설명해주겠니?

나대로: 저한테 숫자는 한 마디로 악몽이죠! 아직 시작도 안 했는데 벌써부터 머리가 아파오거든요, 하하하.

헌 교수: 역시 대로는 천 교수님의 기대를 저버리지 않는구나. 암튼 명쾌해서 마음에 든다. 바른이는 어떤 이미지를 찾았니?

오바른: 여기요. 저는 숫자 하면 바로 돈이 생각나요.

나대로: 바른아! 어린 학생이 벌써부터 너무 돈만 밝히는 거 아니냐?

오바른: 참 어이가 없다. 네 입에서 그런 말이 나올 줄이야. 돈 하면 대로라는 건 우리 반 친구들이 모두 다 아는 사실인데. 너만 모르고 있나 보구나.

헌 교수: 벌써부터 둘 사이의 신경전이 장난이 아닌데? 대로 말이 맞다. 대로 말대로 숫자는 악몽이지! 대학생 형들도 숫자가 들어가는 공부는 끔찍하게 싫어하는 것 같더구나.

나대로: 거봐. 내 말이 맞지?

헌 교수: 물론 바른이가 보여준 그림도 맞아. 바른이 말대로 숫자는 돈과도 아주 밀접한 관련이 있어. 숫자로 돈의 흐름을 보여주는 것이 바로 회계란다.

나대로: 솔직히 여기 오기 전에는 겁을 좀 먹었는데, 회계가 돈에 대한 이야기라면 그렇게 어렵지는 않을 것 같은데요.

헌 교수: 겁먹지 말고, 재미있게 회계의 매력에 한번 빠져보자꾸나.

'회계'란 돈을 투자하거나 빌려주려는 사람들에게 도움이 되도록 개인이나 기업이 가진 돈의 흐름에 대한 정보를 일정한 형식의 표로 만들어 주기적으로 제공하는 과정이란다.

나대로: 무슨 말씀인지 하나도 모르겠네요. 투자? 일정한 형식의 표? 혹시나 했더니 역시 어렵네요. 회계는 악몽이 맞는 것 같아요. 제가 좀 전에 보여드린 그분, 악몽이 다시 오시는 느낌입니다. 회계는 그냥 기업들이 돈을 얼마나 벌었는지 관심 있는 사람들에게 자랑하는 것 아닌가요?

헌 교수: 하하하, 그래, 그것도 아주 쉬운 설명이구나. 경영학이 원래 아주 쉬운 내용을 전문용어로 어렵게 설명하는 학문이거든. 그런데 대로가 말한 것처럼 회계를 기업들이 돈을 얼마나 벌었는지 관심 있는 사람들에게 자랑하는 것이라고 하면 너무 없어 보이지 않니?

오바른: 대로야, 좀 기다려봐. 이제 시작이잖아. 교수님께서는 특별한 능력을 발휘해 우리가 이해할 수 있도록 아주 쉽게 회계를 설명해주실 거야.

헌 교수: 어째 바른이가 더 얄미운데. 그래, 서두를 필요 없단다.

회계가 그렇게 쉽게 이해되면 대학생들이 힘들게 회계를 공부할 필요도 없겠지. 악몽을 꿀 이유도 없고. 오늘은 아주 중요한 기본 내용만 얘기해보자꾸나.

이렇게 한번 생각해보자. 대로는 사람에게 가장 중요한 게 뭐라고 생각하니?

나대로: 당연히 돈이나 명예가 아닐까요? 제 주위에 있는 거의 모든 어른이 돈과 명예를 인생의 목표로 두고 사는 것 같던데요.

오바른: 대로야, 농담이지? 저는 돈만 밝히는 대로와 달라요. 인생에서 가장 중요한 것은 바로 건강과 행복이라고 생각합니다. 특히 건강하지 않으면 돈과 명예가 무슨 소용이 있겠어요.

헌 교수: 그래, 나도 바른이 말에 전적으로 동의한다. 사람에게 돈이나 명예보다 훨씬 더 중요한 게 바로 건강과 행복이지. 특히 건강하게 사는 것이 행복의 기본이고 지름길이야. 그렇다면 이렇게 중요한 건강 상태를 어떻게 하면 계속 확인할 수 있을까?

나대로: 그거야 당연히 의사 선생님한테 자주 건강검진을 받으면 되지 않을까요? 혹시 건강검진에서 이상한 점이 발견되면 바로 약을 먹거나 병원에서 수술을 받으면 되고요.

회계는 기업의 건강을 보여주는 지표다

헌 교수: 바로 그거란다. 사람들이 건강검진을 통해 자신의 건강

14살의 CEO 수업

상태를 확인하는 것처럼, 기업도 건강검진을 통해 건강 상태를 확인할 수 있단다.

오바른: 그럼 결국 기업의 건강 상태를 확인하는 것이 회계란 말씀인가요?

헌 교수: 그렇지. 좀 더 정확히 말하면 기업의 건강 상태에 관한 정보를 건강검진표를 통해 주기적으로 보여주는 과정이 회계란다.

나대로: 그럼 기업의 건강 상태를 보여주는 가장 중요한 정보는 뭔가요? 건강검진을 할 때는 몸무게도 재고, 피도 뽑고, 혈압도 확인하는 것 같던데요. 기업은 어떤 걸 하나요?

헌 교수: 어떤 사람의 건강 상태를 평가할 때 가장 먼저 살펴보는 것이 체중이지. 체중이 적당한 사람은 너무 많거나 적은 사람보다 건강할 가능성이 매우 높으니까.

사람의 체중에 해당하는 것을 회계에서는 '부채'라고 해. 이 부채가 적을수록 건강한 기업이지.

오바른: 그러니까 체중이 적당한 사람이 건강한 것처럼, 부채가 적은 기업이 건강하다는 말씀이죠?

Box 1. 부채란 뭘까

대학생 A와 B가 각각 100만 원짜리 게임용 노트북을 샀습니다. 이 게임용 노트북은 어떻게 A와 B의 물건이 됐을까요? 어느 날 갑자기 하늘에서 뚝 떨어졌을 리는 없겠죠. A와 B는 어디선가 100만 원을 구해 게임용 노트북을 샀을 것입니다.

가령 A는 스스로 열심히 일해 번 돈으로 샀고, B는 친구나 은행에서 빌려서 샀다고 합시다. A와 B 모두 당장은 게임용 노트북으로 게임을 즐기면서 아주 행복한 시간을 보낼 수 있겠지만, 앞으로 다가올 날은 크게 달라지지 않을까요?

여러분도 쉽게 생각할 수 있듯이, A보다는 B가 앞으로 훨씬 힘든 날을 보낼 가능성이 높습니다. 왜냐하면 친구나 은행에서 빌린 100만 원을 조만간 갚아야 하니까요. B는 여윳돈이 생길 때마다 빚을 갚는 데 써야 합니다. 어쩌면 높은 이자까지 함께 갚아야겠죠. B가 빌린 돈처럼 언젠가는 반드시 갚아야 하는 돈을 회계에서는 '부채'라고 부릅니다. 은행이나 친구에게 돈을 빌렸을 때, 미래에 갚는다는 조건 아래 필요한 물건을 외상으로 샀을 때 모두 부채가 발생합니다.

특히 은행에서 빌린 돈은 원금은 물론 이자까지 갚아야 하므로 부채를 너무 많이, 그리고 불필요하게 만들면 파산이나 부도 같은 치명적인 위험에 빠질 수도 있습니다. 따라서 개인이나 기업 모두 감당할 수 있을 만큼만 적정하게 부채를 만드는 것이 중요하며, 감당할 자신이 없다면 부채를 아예 만들지 않는 것이 좋습니다.

결론적으로 체중이 적당한 사람처럼 부채가 적은 기업이 더 건강

나대로: 교수님, 체중이 적당해 보인다고 해서 꼭 건강하다고 할 수는 없을 것 같은데요. 바른이도 정상 체중이라 언뜻 건강해 보이지만, 축구를 할 때 보면 조금만 뛰어도 바로 헉헉거리며 토하는 완전 저질 체력이거든요. 내 말이 맞지, 바른아? 어제도 운동장에서 공을 차다가 10분 만에 쓰러져서 토했잖아.

오바른: 대로, 너 정말! 여기서 갑자기 내가 토한 얘기가 왜 나오냐?

헌 교수: 아니, 대로가 정말 좋은 지적을 했구나. 아무리 체중이 정상이더라도 체력이 약하다면 언제 쓰러질지 모르거든. 체력이 강한 사람은 그렇지 않은 사람보다 건강하게 오래 살 가능성이 아주 높단다.

기업도 마찬가지야. 기업에 있어 쉽게 지치지 않는 체력을 회계에서는 '이익'이라고 부른단다. 이익이 클수록 건강한 기업이지.

Box 2. 이익이란 뭘까

기업을 평가할 때 가장 중요하게 살피는 것이 바로 이익을 지속적으로 얼마나 많이 창출하는지입니다. 이익을 창출하지 못하는 기업은 오래 살아남을 수 없습니다. 직원에게 월급을 줄 수도 없고, 거래처에 외상을 갚을 수도 없고, 정부에 세금을 낼 수도 없어서 문제가 생기죠.

여러분이 좋아하는 치킨 가게를 예로 들어보겠습니다. 여러분 동네에 있는 치킨 가게가 이익을 내지 못하면 먼저 종업원을 줄여야 합니다. 그러고도 계속 이익을 내지 못하면 결국 가게 문을 닫을 수밖에 없지요.

만일 여러분 동네에 같은 치킨 브랜드인 가게 A와 B가 있다고 해봐요. 이번 달에 가게 A는 100만 원을 벌고 가게 B는 50만 원을 벌었다면, A가 B보다 훨씬 체력이 좋은 건강한 상태라고 볼 수 있어요. 또 회계에서는 같은 금액을 벌었더라도, 본업 활동^(핵심 영업 활동)으로 벌었는지 아니면 다른 활동으로 벌었는지에 따라 체력이 다르다고 봅니다. 삼성전자가 핸드폰을 만들어 판매하고, 현대자동차가 자동차를 만들어 판매하는 것이 바로 두 기업의 본업 활동입니다.

치킨 가게 A와 B가 동일하게 100만 원을 벌었다고 합시다. 그런데 치킨 가게 A의 사장은 본업 활동인 치킨을 열심히 팔아서 벌었고, 치킨 가게 B의 사장은 로또나 주식으로 운 좋게 벌었다면, 치킨 가게 A가 B보다 체력이 훨씬 좋은 건강한 상태라고 볼 수 있습니다. (이

14살의 CEO 수업

익은 다음 장 〈2. 핵심 이슈: 기업의 체력, 이익 이해하기〉에서 좀 더 살펴보겠습니다.〉

결론적으로 체력이 강한 사람처럼, 이익을 많이 내는 기업이 더 건강합니다. 치킨 가게 A가 B보다 본업에서 이익을 더 많이 창출하고 있으므로 더 건강한 상태라고 할 수 있습니다.

오바른: 그러니까 체력이 강한 사람이 건강한 것처럼, 이익이 큰 기업이 더 건강하다는 말씀이죠?

헌 교수: 역시 바른이는 이해가 엄청 빠르구나. 외형상 정상 체중이면서 쉽게 지치지 않는 체력까지 갖춘 곳이 정말로 건강한 기업이란다.

나대로: 그런데 교수님, 제 친척 어른 중에 겉보기에 체중도 적당하고, 마라톤이 취미여서 체력도 좋은 분이 계셨거든요. 그분이 어느 날 갑자기 혈액순환에 문제가 생겨서 수술을 받고 병원에 계세요. 교수님이 말씀하신 체중과 체력만으로는 건강하다고 말하기에 뭔가 부족해 보이는데요.

헌 교수: 와, 이번에도 대로가 정말 예리한 질문을 했구나. 천 교수님 말씀처럼 공부를 하지 않아서 그렇지, 마음만 먹으면 정말 잘할 스타일인데.

나대로: 당연하죠. 제가 보기보다 아주 스마트합니다.

오바른: 잘난 척은 역시 대로가 1등이지.

헌 교수: 하하하. 대로 말처럼 체중과 체력이 좋다고 모두 건강한 것은 아니란다. 건강을 유지하기 위해서는 체중과 체력뿐만 아니라 몸 안에서 혈액순환이 원활하게 이루어지는 것이 정말 중요하지.

기업도 마찬가지야. 체내의 원활한 혈액순환을 회계에서는 '현금흐름'이라고 불러. 이 현금흐름이 원활할수록 더 건강한 기업이란다.

나대로: 혈액순환이 원활한 사람이 건강한 것처럼, 기업도 현금흐름이 원활해야 건강하다는 말씀이죠?

헌 교수: 빙고!

앞서 이야기한 같은 치킨 브랜드인 가게 A와 B를 다시 떠올려보세요. 치킨 가게 A와 B 모두 열심히 장사를 해서 각각 100만 원을 벌었습니다. 그런데 가게 A는 손님들에게 모두 현금을 받았고(즉 이익 100만 원 모두를 현금으로 받음), 가게 B는 절반은 현금을 받고 나머지 절반은 외상(1년 뒤에 갚는 조건)으로 치킨을 팔았습니다(즉 이익 100만 원 중 50만 원만 현금으로 받음). 그러면 치킨 가게 A가 B보다 훨씬 더 혈액순환이 원활한 건강한 상태라고 볼 수 있습니다.

치킨 가게의 돈의 흐름을 살펴보면 다음과 같습니다. 처음 가게를 차릴 때 가진 돈이 많지 않다면 ① 친구나 은행에서 돈을 빌리거나 동업자에게 투자를 받습니다. ② 조달한 돈으로 치킨을 파는 데 필요한 물건(치킨 조리기, 매장 의자 등)을 사서 ③ 치킨을 만들어 팔아 돈을 벌어들입니다. ④ 이렇게 번 돈으로 친구나 은행에게 빌린 돈을 갚거나 동업자에게 투자받은 대가로 돈을 나눠줍니다. 이것이 대략적인 치킨 가게의 돈의 흐름입니다.

치킨 가게가 건강하게 운영되려면 ①~④의 돈의 흐름이 원활하게 계속 이루어지는 것이 중요합니다. 그래야 돈을 빌려준 친구나 은행에게 확실한 믿음을 줄 수 있기 때문입니다. 또 가게 확장 등의 이유로 돈이 다시 필요할 때 친구나 은행에게 돈을 빌리거나, 새로운 동업자에게 투자받기가 쉽고요. 마치 물이 원활하게 순환돼야 호수의 물이 썩지 않고 계속 맑게 유지되는 것처럼, 돈도 원활하게 순환돼야 기업이 건강하게 계속 유지될 수 있습니다.

예를 들어 치킨 가게 A는 ①~④의 돈의 흐름이 원활하게 이루어지는 반면 가게 B는 ① 친구나 은행에게 돈을 빌리거나 동업자에게 투자를 받는 방법으로 돈을 조달하지 못하거나, ② 조달된 돈이 있더라도 치킨 판매에 필요한 좋은 치킨 조리기를 구입하지 못하거나, ③ 치킨 조리기를 구했더라도 치킨 판매가 제대로 이루어지지 않아 돈을 벌지 못하고 있다고 합시다. 그렇다면 가게 B는 돈의 흐름이 원활하지 않아 가게 건강에 문제가 있다고 볼 수 있습니다.

오바른: 아하, 교수님 말씀을 정리하면 기업이 건강한지 보기 위해서는 외형상 정상 체중을 잘 유지하고 있는지, 쉽게 지치지 않는 체력이 있는지, 그리고 신체 내부에서 혈액순환이 원활하게 이루어지고 있는지를 종합적으로 살펴봐야 한다는 말씀이죠?

헌 교수: 그래. 정상 체중과 지치지 않는 체력과 원활한 혈액순환을 유지하는 사람이 건강한 것처럼, 기업도 적은 부채와 많은 이익을 유지하면서 동시에 내부에서 현금흐름이 원활하게 이루어질 때 진짜로 건강하다고 볼 수 있단다. 부채, 이익, 현금흐름을 종합적으로 이해하는 것이 바로 회계의 핵심이야.

오바른: 사람의 몸에 빗대 설명해주시니 회계가 생각보다 쉽게 느껴지네요.

헌 교수: 다행이구나. 그럼 똑똑한 대로가 지금까지 배운 내용을 개인과 기업의 건강 상태 관점에서 간단히 표로 정리해볼 수 있겠니?

나대로: 그럼요. 개인의 건강 상태를 보여주는 정보인 '체중, 체력, 혈액순환'을 기업의 건강 상태를 보여주는 회계 정보인 '부채, 이익, 현금흐름'으로 살짝 바꾸기만 하면 되는데요. 제 능력에 이

정도쯤이야 누워서 떡 먹기죠. 하하하.

개인과 기업의 건강 상태 비교	
개인	기업
체중	부채
체력	이익
혈액순환	현금흐름

회계감사와 재무제표

오바른: 역시 잘난 척은 대로가 우주 최강이지. 교수님, 추가 질문 있습니다.

헌 교수: 말해보렴.

오바른: 사람들의 건강 상태를 보여주는 체중이나 체력, 혈액순환 같은 정보는 건강검진 결과표를 보면 쉽게 알 수 있잖아요. 기업도 건강검진 결과표 같은 것이 따로 있나요?

헌 교수: 당연하지. 개인 건강검진 결과표에 해당하는 것을 기업 회계에서는 '재무제표(Financial Statement)'라고 부른단다. 이 재무제표만 잘 살펴봐도 만성질환 같은 기업의 회계적인 문제점을 쉽게 파악할 수 있지.

나대로: 음, 재무제표라니 어려운 용어 같네요. 건강검진 결과표 같은 것이 재무제표라면, 건강검진 자체는 회계에서 뭐라고 부

르나요?

헌 교수: 대로가 점점 더 회계의 매력에 빠져들고 있구나. 좋은 질문이다. 대다수 사람들이 정기적으로 외부에서 건강검진을 받는 것처럼, 기업들도 정기적으로 외부에서 건강검진을 받는단다. 다만 용어만 다를 뿐이지. 사람들이 정기적으로 받는 건강검진을 기업에서는 '회계감사'라고 부른단다.

나대로: 사람들이 건강검진을 받는 이유는 쉽게 이해가 되는데, 기업들이 회계감사를 왜 받는지는 모르겠어요.

헌 교수: 돈의 흐름을 보여주는 회계 정보가 신뢰할 만하고 투명하다는 것을 회계감사를 통해 증명함으로써 사람들이 합리적으로 의사결정을 할 수 있도록 도울 수 있단다. 궁극적으로는 이해관계자들을 보호하고, 기업들도 투명하고 건전하게 발전할 수 있지.

오바른: 결국 개인의 건강검진처럼 회계감사도 기업에 꼭 필요하다는 말씀이죠?

헌 교수: 그렇지. 사람이 체중, 혈압, 콜레스테롤 등 건강검진표에 나오는 기본적인 수치만 잘 관리해도 대부분의 큰 병을 예방할 수 있는 것처럼, 기업도 회계감사를 잘 활용하면 기업의 문제점을 초기에 진단하고 치료해서 건강한 기업으로 살아남을 수 있어.

기업의 이해관계자

나대로: 저희 아빠는 1년에 한 번 정도 건강검진을 받던데, 기업도 그런가요?

헌 교수: 비슷해. 기본적으로 1년에 한 번씩 정밀 건강진단을 받고, 추가로 간단한 건강검진을 세 번(3월, 6월, 9월 말) 분기마다 받는단다. 결국 1년에 건강검진을 네 번 받는 셈이지.

오바른: 왜 기업은 이렇게 자주 건강검진을 받나요?

헌 교수: 기업의 건강 상태가 개인의 건강 상태보다 훨씬 더 복잡하고, 기업의 건강에 관심 있는 사람이 엄청 많기 때문이야.

나대로: 기업의 건강에 관심 있는 사람이 엄청 많다고요? 기업에 관심 있는 사람은 사장과 직원뿐인 것 아닌가요?

헌 교수: 좋은 질문이다. 덕분에 자연스럽게 한 단계 더 높은 수준의 회계로 계속 넘어가는구나. 대로 말대로 사장과 직원처럼 기업 내부에도 기업 건강에 관심 있는 사람이 많지만, 기업 외부에도 기업 건강에 관심 있는 사람이 정말 많이 있단다.

나대로: 그 사람들이 대체 누군가요? 저는 잘 모르겠는데요.

헌 교수: 대로는 성격도 참 급하구나. 그렇지 않아도 바로 설명하려고 했는데…….

　다음 그림을 한번 보렴. 투자한 대가로 주식을 받는 투자자, 돈을 빌려준 은행, 원재료를 공급해주는 거래처, 그리고 전기 요금이나 각종 세금을 징수하는 공공 기관과 정부 등도 모두 기업의 돈의 흐름에 관심이 있는 외부 사람들, 즉 이해관계자들이란다.

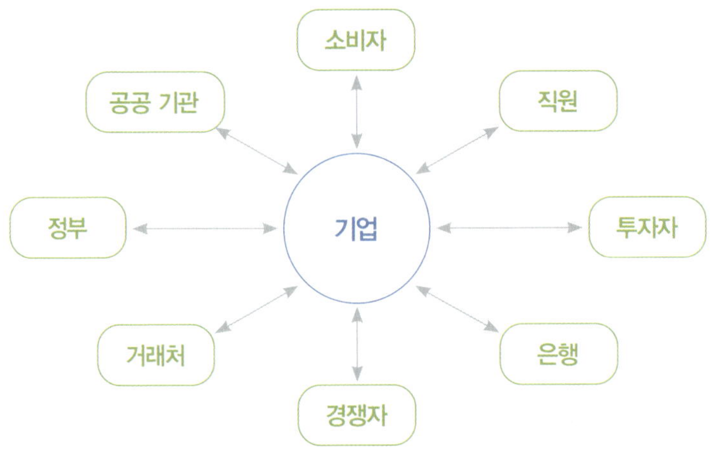

오바른: 그렇군요. 기업의 건강 상태에 관심 있는 이해관계자가 이렇게 많다니……. 기업이 사람보다 더 자주 건강검진을 받는 것도 당연하겠네요.

헌 교수: 그렇지. 부채는 적당한지, 이익은 많이 창출하고 있는지, 현금흐름은 원활한지 등 관심사는 조금씩 다를 수 있지만, 모두 기업의 건강 상태에 관심이 정말 많단다. 너희가 부모님 건강에 관심이 많듯 말이야.

나대로: 당연히 부모님 건강을 항상 염려해야죠. 제 용돈을 전적으로 책임지고 계시니까요.

헌 교수: 대로야, 농담이지? 천 교수님께 알려드려야 할 것 같은데?

나대로: 교수님도 참, 당연히 농담이죠. 제가 부모님을 얼마나 사랑하는데요.

헌 교수: 하하하. 바른이가 지금까지 배운 내용을 개인과 기업의 건강검진이라는 관점에서 간단히 표로 정리해줄 수 있겠니?

오바른: 그럼요. 건강검진으로 이해하니 회계도 생각보다 그렇게 어렵지는 않은 것 같은데요. 이렇게 정리하면 되겠네요.

개인과 기업의 건강검진 비교	
개인	**기업**
건강검진	회계감사
건강검진 결과표	재무제표
1년에 1번	1년에 4번

헌 교수: 대로도 이제 회계 관점에서 건강한 기업을 충분히 선택할 수 있겠지?

나대로: 당연하죠. 아마도 바른이보다는 제가 더 빨리 많이 알았을걸요? 왜냐하면 바른이는 본인의 체중-체력-혈액순환이 전반적으로 좋지 못한 상태라 부채-이익-현금흐름이 좋지 못한 불량 기업으로 볼 수 있지만, 저 나대로는 체중-체력-혈액순환이 아주 좋은 상태라 부채-이익-현금흐름이 좋은 매우 건강 기업으로 볼 수 있으니까요. 맞지, 바른아? 하하하.

헌 교수: 글쎄, 네가 체중-체력-혈액순환이 더 좋은지는 잘 모르

겠는데?

오바른: 대로, 너 진짜……. 교수님 말씀을 정리하면, 회계란 기업의 이해관계자들이 합리적으로 의사결정을 내릴 수 있도록 도움을 주기 위해 기업의 부채-이익-현금흐름과 같은 유용한 정보를, 회계감사를 받은 재무제표를 통해 주기적으로 제공하는 것이군요.

헌 교수: 맞다. 회계가 숫자를 다루는 학문이라 어려워 보여도, 지금처럼 개인의 건강검진에 빗대 이해하면 쉽게 접근할 수 있을 거야. 우리가 사는 세상에는 돈과 관련된 의사결정이 수없이 많이 이루어지고 있으니, 회계를 이해하는 것은 결국 돈의 흐름을 제대로 이해하는 것과 같단다. 어때? 이제 회계가 뭔지 조금은 알겠지?

학생들: 네!

2.

핵심 이슈:
기업의 체력, 이익 이해하기

지금까지 회계의 기본 개념을 함께 살펴봤습니다. 회계란 결국 기업의 건강 상태에 관한 정보를 건강검진 결과표(재무제표)를 통해 주기적으로 보여주는 과정이라고 할 수 있습니다. 앞에서 이야기했듯 개인의 건강 상태를 보여주는 정보인 체중-체력-혈액순환에 해당하는 것이 바로 기업의 회계 정보인 부채-이익-현금흐름입니다.

지금부터는 건강한 기업의 두 번째 조건인 쉽게 지치지 않는 체력, 즉 지속적으로 창출하는 이익에 대해 좀 더 자세히 살펴보겠습니다.

이익을 이해하기 위해서는 먼저 수익과 비용의 개념을 알아야 해요. 여러분이 좋아하는 치킨을 다시 한 번 예로 들어볼게요.

　　다음 표는 여러분이 주문한 치킨이 어떤 과정을 거쳐 배달되는지를 비용을 중심으로 보여줍니다.

수익	비용	이익
• 치킨 한 마리 판매 가격 : 2만 원	• 생닭 : 5,000원 • 기름, 튀김가루, 치킨 무, 콜라, 냅킨, 나무젓가락, 포장 박스 등 : 5,000원 • 상가 임대료, 종업원 월급, 전기 요금, 수도 요금, 배달 앱 수수료, 홍보비 등 : 9,000원	1,000원

　　예를 들어 프랜차이즈 치킨 가게가 생닭을 5,000원에 사서 2만 원에 판다고 합시다. 언뜻 5,000원짜리 생닭을 몇 배나 비싸게 팔아 돈을 많이 버는 것처럼 보이지만, 자세히 들여다보면 그렇지 않습니다. 위 표를 한번 보세요. 치킨 가게가 여러분에게 치킨 한 마리를 팔아 버는 돈은 1,000원입니다.

치킨 가게가 치킨 한 마리를 만드는 데 필요한 것은 생닭만이 아닙니다. 생닭을 튀기려면 기름과 튀김가루가 있어야 합니다. 치킨의 단짝이자 여러분이 좋아하는 치킨 무와 콜라, 그리고 냅킨, 나무젓가락, 포장 박스 등도 있어야겠죠. 여기에 들어가는 돈이 치킨 한 마리당 대략 5,000원입니다.

회계에서는 치킨 한 마리를 파는 데 필요한 생닭, 기름, 튀김가루, 치킨 무, 콜라, 냅킨, 나무젓가락, 포장 박스 등을 모두 합쳐서 '재료비'라고 부릅니다. 위 표를 보면, 치킨 한 마리당 재료비가 대략 1만 원입니다.

아무리 그래도 치킨 가게가 치킨 한 마리를 여러분에게 2만 원에 파는 것은 지나친 것처럼 보이기도 합니다. 그런데 치킨 가게는 재료비 1만 원 이외에도 돈이 들어갈 곳이 너무나 많습니다. 예를 들어 가게도 빌려야 하고, 치킨 튀김 기계도 사야 하고, 전기나 수도를 쓴 요금도 내야 하고요. 홀에서 일하는 종업원도 고용해야 합니다. 거기다 배달 앱에 지불하는 수수료와 광고비도 있습니다(여러분이 편하게 배달 앱으로 치킨을 주문하면 치킨 가게는 치킨값의 2~15퍼센트 정도를 수수료로 지불한다고 하네요). 이렇게 추가로 들어가는 돈이 치킨 한 마리당 대략 9,000원입니다.

치킨 가게마다 차이는 있겠지만, 일반적으로 2만 원짜리 치킨 한 마리를 팔면 1,000원 정도가 남는다는 결론이 나옵니다.

회계에서는 ① 치킨 가게가 최종 판매하는 치킨 한 마리당 가격인 2만원을 수익으로 기록합니다. ② 치킨 한 마리를 판매하기 위해 쓰는 돈, 즉 생닭을 사는 돈, 상가 주인에게 지불하는 돈, 종업원에게 주는 월급, 전기 요금, 수도 요금, 배달 앱에 지불하는 돈 등 총 1만 9,000원은 비용으로 기록합니다. ③ 그 결과, 치킨 가게는 치킨 한 마리당 수익(2만 원)에서 비용(1만 9,000원)을 차감한 1,000원을 이익으로 남길 수 있습니다. 이처럼 회계에서는 수익에서 비용을 차감해 이익을 계산합니다.

수익(20,000원) − 비용(19,000원) = 이익(1,000원)

기업이 일정 기간 동안 거둔 경영 성과, 즉 수익에서 비용을 빼서 이익이 얼마인지를 보여주는 표를 '손익계산서'라고 부릅니다. 지금은 쉽게 치킨 가게의 손실과 이익을 계산한 표라고 이해해도 좋아요.

다음 표는 삼성전자와 현대자동차의 손익계산서(2024년)에 나타난 수익, 비용, 이익입니다.

손익계산서		
	삼성전자	현대자동차
수익	301조 원	175조 원
(비용)	(250조 원)	(157조 원)
이익	51조 원	18조 원

개인의 저질 체력이 건강의 적신호인 것처럼, 손익계산서에
드러난 이익이 낮을수록 기업의 건강도 적신호입니다. 즉 개인
이 건강하려면 체력이 좋아야 하는 것처럼, 기업도 건강하려면
이익이 좋아야 합니다.

3.

회계 전문가 되는 길: 공인회계사

그럼 이제 딱딱한 이야기는 그만하고, 마지막으로 조금 더 현실적인 이야기로 넘어가보겠습니다. 지금부터 할 이야기는 회계를 배우면 나중에 어떤 직업을 가질 수 있을까입니다.

회계는 카카오, 네이버, 넥슨 같은 IT기업, 삼성전자, 현대자동차 같은 제조 기업, 하나은행, 국민은행 같은 금융 기업, 유니세프 같은 비영리단체, 치킨 가게 같은 자영업, 그리고 한국전력, 코레일 같은 공공 기관이나 정부 등 어디서나 필요하기 때문에 한 가지 특정 직업을 고르기가 매우 어렵습니다. 이 세상에 돈과 연관되지 않은 곳이 없을 테니, 분명히 회계를 공부하면 어떤 곳에서 어떤 일을 하더라도 도움이 될 거예요.

그래서 오늘은 회계의 꽃이라 불리는 회계감사, 세무, 컨설팅 등을 수행하는 공인회계사(Certified Public Accountant, CPA)를 소개하려 합니다. 참고로 회계를 공부하는 대학생이 가장 선호하는 직업이기도 하답니다.

공인회계사라는 직업은 구체적으로 다음과 같이 정의할 수 있습니다.

공인회계사는 기업회계의 감시자로서 기업의 건전한 경영을 유도하고 이해관계자를 보호하며, 세무 대리인으로서 정부의 조세정책에 협력하고 납세자의 권익을 신장하고, 경영 자문가로서 기업의 가치를 증진시켜 지속 가능한 발전을 돕는 전문가입니다. 자본시장이 발달하면서 업무 영역이 점점 넓어지고 있는 대

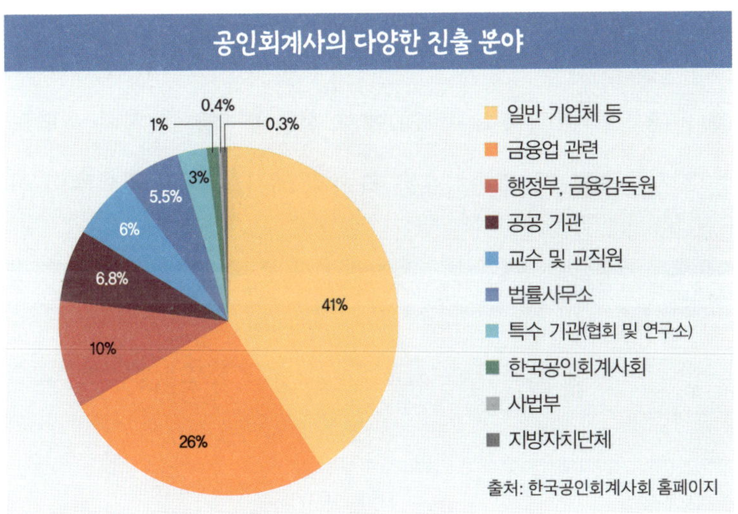

출처: 한국공인회계사회 홈페이지

표적인 전문직이죠.

앞서 설명한 것처럼 기업의 건강검진에 해당하는 것이 회계감사, 건강검진 결과표에 해당하는 것이 재무제표입니다. 이 재무제표만 잘 읽어도 기업의 만성질환 같은 회계적 문제점을 쉽게 파악할 수 있다고도 했죠.

개인이 병원에서 의사에게 건강검진을 받는 것처럼, 기업은 회계법인(회계사무소)에서 공인회계사에게 회계감사를 받습니다. 공인회계사는 기업의 건강검진을 담당하는 의사인 셈입니다.

공인회계사의 가장 기본적인 업무가 이 회계감사입니다. '회계감사'란 기업이 작성한 회계 기록이나 서류가 허위나 부정 없이 적정하게 작성됐는지를 독립성과 전문성을 갖춘 공인회계사가 감사하는 제도를 말합니다.

직장인이라면 의무적으로 건강검진을 받아야 하는 것처럼, 법률(주식회사 등의 외부감사에 관한 법률)에서 정한 일정한 요건에 해당하는 회사는 반드시 재무제표를 작성해 회사와 독립된 외부의 전

개인과 기업의 건강검진 비교	
개인	기업
건강검진	회계감사
의사	공인회계사
종합병원(개인 병원)	회계법인(회계사무소)

14살의 CEO 수업

문가인 공인회계사에게 회계감사를 받아야 합니다. 예를 들어 직전 사업연도 말의 자산총액이 120억 원 이상이면서 매출액이 100억 원 이상인 회사는 의무적으로 공인회계사에게 회계감사를 받아야 해요.

이처럼 이해관계자가 많은 회사가 법률에 의해 강제적으로 공인회계사에게 회계감사를 받아야 하는 이유는, 회계의 신뢰성과 투명성에 문제가 생기면 정말 많은 사람이 큰 피해를 입을 수 있기 때문입니다. 심한 경우, 자본주의 시장이 제대로 작동하지 않고 붕괴될 수도 있고요. 그래서 공인회계사를 '자본주의의 파수꾼'이라고 불러요.

그럼 어떻게 하면 공인회계사가 될 수 있을까요? 국가에서 시행하는 공인회계사 시험에 합격해 국가 자격증을 취득해야 합니다[공인회계사 시험에 대한 자세한 정보는 금융감독원 공인회계사 시험 홈페이지(https:// cpa.fss.or.kr)를 방문하면 확인할 수 있습니다]. 회계에 관심 있는 학생이라면 공인회계사의 꿈을 꼭 펼쳐보세요.

오바른의 필기

1. 회계란 무엇인가

· 회계: 기업의 건강 상태에 관한 정보를 건강검진표를 통해 주기적으로 보여주는 과정

· 회계적으로 건강한 기업

　① '체중'이 비만이 아닌 사람처럼 '부채'가 적은 기업

　② '체력'이 강한 사람처럼 '이익'이 많은 기업

　③ '혈액순환'이 원활한 사람처럼 '현금흐름'이 원활한 기업

2. 핵심 이슈: 기업의 체력, 이익 이해하기

　① 개인의 지치지 않는 '체력'처럼, 기업도 지속적으로 창출하는 큰 '이익'이 중요

　② 손익계산서: 수익에서 비용을 차감해 경영 성과인 이익을 보여주는 표

3. 회계전문가 되는 길: 공인회계사(CPA)

　① 공인회계사는 기업의 건강검진을 담당하는 의사

　② 공인회계사 시험에 합격해 국가 자격증을 취득하고 공인회계사가 되자

나대로의 필기

1. 회계는 돈! 회계를 배우면 돈을 잘 벌 수 있을까?

2. 공인회계사는 자본시장의 파수꾼?

3. 돈 잘 버는 공인회계사나 돼볼까?

마케팅

인사조직

회계

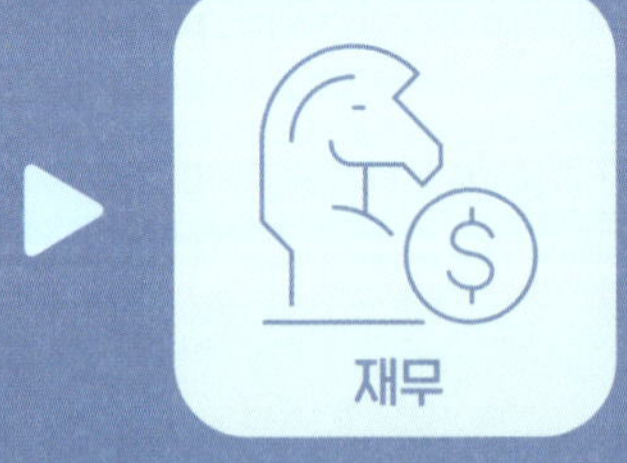

재무

4부

돈은 어디서 오고 어디로 갈까?
_ 재무

1.

재무란 무엇인가

모 교수: 나대로, 오바른 학생 안녕? 천 교수님께 말씀 들었어. 둘 다 경영학에 관심이 많다고? 아주 훌륭한 친구들이로구나! 나는 재무 분야를 담당하고 있단다.

오바른: 안녕하세요, 교수님. 오바른입니다.

나대로: 교수님이 마지막이세요. 그래서 더욱 반갑습니다.

모 교수: 그렇구나. 마지막이라 반가운 거구나. 아무튼 끝까지 잘 해보자. 지금까지 마케팅, 인사조직, 회계 분야를 훑어봤지? 어때? 경영학에서 뭘 배우는지 어느 정도 감이 생겼을 거 같은데?

오바른: 음, 감을 잡았다고 말씀드리고 싶지만······.

나대로: 뭘 그런 질문을. 노코멘트할게요.

모 교수: 그래, 경영학은 세부 분야마다 특색이 너무 달라서 어려울 수도 있지. 그런데 그래서 더 흥미롭기도 해. 각자 취향에 따라 적합한 분야를 선택할 수 있다는 점도 매력적이고 말이야.

그럼 이제 재무에 대해서도 간단히 알아볼까? 재무라고 하면 어떤 생각이 떠오르니?

오바른: 글쎄요. 사실 별로 생각해본 적이 없어요.

모 교수: 오, 완전 솔직한 자세네. 흠, 그런데 왜 내 눈에 눈물이….

나대로: 괜찮아요, 교수님. 재무만 생각 안 해본 건 아니거든요.

모 교수: 하하, 그래 완전 위로가 된다.

오바른: 숫자를 다루는 분야인 것 같고, 주식거래 같은 것하고도 상관이 있어 보여요.

나대로: 저는 돈……요?

모 교수: 그래. 많은 사람이 어렴풋이 그런 것들을 떠올리지. 오늘 설명을 듣고 너희가 재무라는 분야에 대해 조금이나마 감을 잡을 수 있으면 좋겠구나.

나대로: 좋아요, 교수님. 짧고 얇게 부탁드립니다.

모 교수: 그래, 대로야. 노력할게. 자 그럼 시작해볼까?

너희가 떠올린 것처럼, 재무는 돈과 직접적으로 관련된 학문이란다. 재무라는 단어의 뜻이 '돈과 관련된 업무'인 것만 봐도 알 수 있지. 좀 더 구체적으로 말하자면 재무는 자본시장을 연구

하는 학문이라고 할 수 있어.

나대로: 자본시장요? 시장이면 마트 같은 데 말씀이세요?

모 교수: 그래. 마트처럼 상품의 거래가 이루어지는 곳이야. 다만 거래되는 상품이 좀 다른데, 일반 시장에서는 물건을 사고팔지만, 자본시장에서는 자본을 거래한단다.

오바른: 자본이라면, 돈을 거래한다고요?

모 교수: 맞아. 일반 시장에서는 물건을 사는 사람과 파는 사람이 만나 상품을 거래하잖니. 그것처럼 자본시장에서는 돈을 공급하는 사람과 필요로 하는 사람이 만나 자본을 거래하지.

나대로: 예를 들어 농부 아저씨가 채소를 키워 시장에 가져다주면 채소 가게 아저씨가 팔고, 사람들이 사 가잖아요. 자본시장에서도 그런 거래가 이루어진다는 말씀이세요?

모 교수: 바로 그렇단다. 자본시장은 자금을 거래하는 곳이니까, 농부 아저씨가 채소를 공급하듯 누군가가 돈을 시장에 공급해줘야겠지? 이 돈을 공급하는 사람을 투자자라고 불러. 투자자가 시장에 자금을 제공하면, 기업이 그 자금을 가져다 쓰는 거야. 투자자와 기업이 직접 자금을 거래하기도 하고, 채소 가게 아저씨처럼 중간 역할을 하는 금융회사가 둘의 거래를 돕기도 한단다.

오바른: 시장에 자본을 공급하는 사람이 투자자, 자금을 가져다 쓰는 기업이 수요자란 말씀이죠? 금융회사가 중간에서 둘을 중개하는 역할을 하기도 하고요?

모 교수: 바른이가 정말 잘 정리해줬구나. 이 금융회사에는 은행, 증권회사, 투자회사 등이 있어.

오바른: 이제 투자자, 기업, 금융회사가 자본시장을 구성하고 있다는 건 알겠어요. 그런데 왜 투자자나 기업이 자본시장에 참여해서 자금을 거래하는 거예요?

모 교수: 투자자, 기업, 금융회사는 모두 자신의 가치를 높이기 위해 자본시장에 참여한단다. 쉽게 말하면 다들 더 부자가 되려고 자본시장을 이용하는 거지.

나대로: 돈을 벌고 싶어서라고요?

모 교수: 그래. 투자자도 자본시장에 투자해 돈을 더 벌고 싶어 하고, 기업도 시장에서 자본을 조달해 더 큰돈을 만들고 싶어 하지.

나대로: 저도 부자가 되고 싶습니다, 교수님.

모 교수: 그렇구나, 대로야. 솔직해서 좋다. 대로뿐만 아니고 자본주의 사회에서는 누구나 돈이 많을수록 좋아하지. 재무는 자본시장 참여자들이 더 부자가 되기 위해 자본시장을 어떻게 이용하면 좋을지를 고민하고 연구하는 학문이란다. 그러니까 대로처럼 사람들이 더 부자가 되고 싶어 한다는 것을 전제로 하는 거야.

나대로: 저랑 케미가 맞는 분야인 것 같은 느낌적 느낌입니다.

오바른: 돈을 버는 데 필요한 원칙들을 배울 수 있다니, 저도 갑자기 재무에 흥미가 생기는데요.

모 교수: 어이쿠! 정말 다행이다, 얘들아.

오바른: 어렴풋하게 돈과 관련된 분야라고만 생각했는데 더 광범위한 것 같아요.

모 교수: 맞아. 학문의 범위가 작지 않지. 앞에서 이야기한 것처럼 재무라는 단어의 뜻이 돈과 관련된 업무잖니. 이렇게 이름이 지어진 건 아무래도 재무가 경영학의 한 분야로 포함되는 경우가 많아서인 것 같아. 기업 경영의 한 부분으로만 인식돼온 거지.

오바른: 기업도 자본시장을 구성하는 주체 중에 하나잖아요?

모 교수: 맞아. 그렇지만 자본시장에서는 기업 말고도 투자자나 금융회사도 공존하니까 연구 범위도 기업으로만 한정되지 않거든. 우리가 일반적으로 생각하는 기업뿐 아니라 투자자나 은행

과 같은 중개 기업의 관점에서도 많은 연구가 이루어지지. 그래서 요즘에는 '금융'이라는 용어를 함께 쓰기도 해.

나대로: 재무가 기업에서 필요한 업무만 다루는 게 아니군요!

오바른: 그러게요. 생각보다 일상에서 흔히 접할 수 있는 것들을 배울 수 있는 분야네요. 주식 투자를 하는 사람도 흔하고, 은행 거래는 누구나 하고요.

모 교수: 그렇단다. 그만큼 재무에서는 살아가는 데 필요한 실용적인 개념들을 배운다는 얘기지.

나대로: 교수님 이제 조금 알 것 같아요.

모 교수: 그래. 다행이다.

오바른: 그렇지 않아도 요즘 제 친구들이 주식이나 가상화폐 같은 금융 상품 투자에 관심이 많아요.

기업이 자본시장에 참여하는 과정

모 교수: 오, 그렇구나. 좋아. 그럼 너희의 열렬한 관심에 힘입어 재무에 대해 조금 더 설명하마. 먼저 기업 입장에서 자본시장에 참여하는 과정을 살펴보자.

나대로: 열렬까지는 아닌 것 같습니다만.

모 교수: 아, 그래. 미안.

오바른: 기업 입장이라면, 좀 전에 이야기한 것처럼 자금을 필요

로 하는 수요자 관점에서 바라보는 자본시장을 말씀하시는군요.

모 교수: 바른아, 정확해. 얘들아, 기업은 왜 자금을 필요로 할까?

나대로: 그야 사업을 하려면 돈이 필요하잖아요?

모 교수: 그래. 자신이 가진 돈만으로 사업에 필요한 자금을 전부 감당할 수 있으면 좋겠지만, 대부분은 가진 돈이 부족하지. 가진 돈만으로 사업을 하면 그 규모와 종류가 무척 제한될 수밖에 없다는 얘기야. 그래서 기업은 자본시장을 통해 모자란 자금을 조달하려고 해.

나대로: 자금을 조달한다는 게 무슨 뜻이에요? 돈을 빌린다는 뜻인가요?

모 교수: 완전히 똑같지는 않아. 기업이 자금을 조달하는 방법은 크게 두 가지야. 하나는 대로가 말한 것처럼 은행이나 투자자에게 돈을 빌리는 거야. 이때 돈을 빌리는 증서를 '채권'이라고 부른단다.

기업이 자금을 조달하는 또 다른 방법은 투자자에게 '주식'을 파는 거야. 주식은 많이 들어봤지?

오바른: 주식이나 채권이란 말은 많이 들어봤어요. 솔직히 무슨 차이인지는 잘 모르겠지만요.

모 교수: 채권을 팔아서 자금을 조달한다는 말은 투자자의 돈을 빌린다는 뜻이야. 채권은 빌리는 돈이 얼마고, 언제 어떻게 갚을

지를 써놓은 증서라고 생각하면 되고. 그러니까 기업은 빌린 돈과 이자를 약속한 시점에 반드시 갚아야만 해. 채권 투자자, 즉 채권자는 돈을 빌려준 데 대한 보상으로 약속된 이자를 얻는 것이니까. 만약에 제때 돈을 갚지 못하면 그 기업은 파산한단다. 망하는 거지.

오바른: 개인이 돈을 빌리는 거랑 비슷하네요.

모 교수: 그래 다를 게 없지.

나대로: 그럼 주식으로 자금을 조달하는 건 빌리는 것과 다른가요?

모 교수: 좀 달라. 기업이 발행한 주식을 사는 것은 기업에 주인으로서 투자한다는 의미란다. 그래서 주식 투자자는 기업의 주인이라는 뜻으로 '주주'라고 부르지.

나대로: 채권 투자자는 이자를 받는데 주주도 받는 게 있나요?

모 교수: 주식 투자자는 이자 대신 배당을 받는단다. '배당'이란 기업이 번 돈을 주주들이 나눠 갖는다는 뜻이야. 배당은 자기 회사에서 번 돈을 회사 주인들이 나눠 갖는 것이라서, 설사 돈을 못 벌어서 배당을 하지 못한다고 해도 기업이 파산하지는 않아. 이 부분이 채권의 이자와 크게 다르지.

오바른: 기업은 채권이나 주식으로 자금을 조달하고나면 뭘 하나요? 기업이 자본시장을 이용하는 것은 여기서 끝인가요?

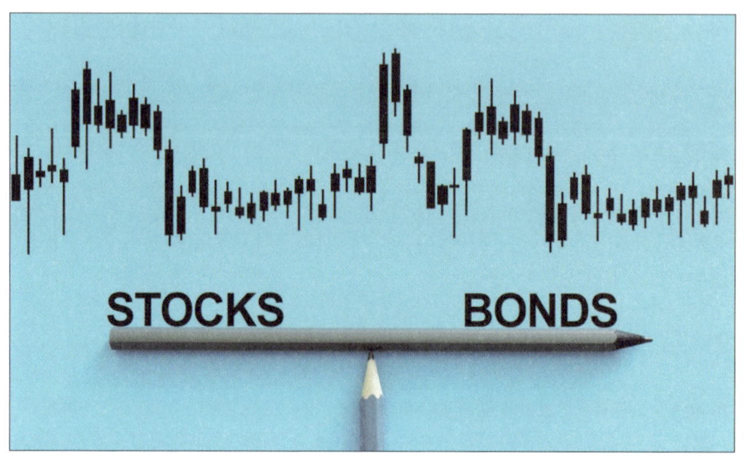

모 교수: 아니야. 자금을 조달한 기업은 이 돈을 어디에 투자할지 결정해야 해. 가진 돈이 한정돼 있어서 모든 사업에 다 투자할 수가 없거든. 그래서 여러 가지 사업 중 가장 돈을 많이 벌 수 있는 사업을 고르는 거지.

나대로: 제가 용돈으로 뭘 먼저 하는 게 좋을지 고민하는 거랑 비슷한 것 같은데요?

모 교수: 아주 정확한 비유구나.

오바른: 오오, 오늘 좀 괜찮은데!

나대로: 오늘만이겠냐.

모 교수: 대로 말처럼, 기업이 어느 사업에 투자할지를 택하는 원리도 우리 개인들이 돈 쓰는 원리와 다를 바 없어. 조달한 자본을 어디에 투자할지 결정한 기업은 그 사업을 시행하면서 돈을

벌어들이겠지. 이렇게 번 돈 중 얼마를 회사가 갖고, 얼마를 투자자, 즉 채권자와 주주에게 나눠줄지를 결정해야 해.

나대로: 아, 정신이 없어요, 교수님.

모 교수: 요약을 좀 해볼까? 기업은 ① 모자란 자금을 조달하기 위해 자본시장에 참여하고, ② 조달한 자금으로 어떤 사업(일)을 할지 결정하고, 그 사업으로 번 돈을 ③ 다시 투자자에게 환원하는 일련의 과정을 거친단다. 이 과정에서 더 부자가 되는 최선의 결정이 뭔지를 연구하는 분야를 재무에서는 '기업재무'라고 세분해서 부르기도 하지. 기업재무란 기업의 관점에서 자본시장을 분석하는 분야인 거야.

나대로: 기업재무라고요? 그럼 투자자 재무도 있나요?

모 교수: 오오, 비슷해, 대로야. 기업재무와 구분해서, 투자자 관점에서 더 부자가 되기 위해 자본시장에서 거래되는 자산의 가치를 평가하고, 선택하는 문제를 다루는 분야를 '투자(론)'이라고 부른단다.

투자자가 되는 법

오바른: 그런데 투자자는 돈의 공급원이라고 하셨잖아요? 그럼 투자자가 되려면 돈이 엄청 많아야겠네요?

모 교수: 꼭 그렇지는 않아. 물론 부자도 있겠지만, 투자자는 우리

같은 일반 서민이나 가계를 가리키는 말이란다. 모두의 돈이 모여 시장에 자금을 공급하는 거지.

나대로: 교수님, 저는 아직 투자를 해본 적이 없습니다. 투자 희망자라고 해주십시오.

모 교수: 참신하구나, 대로야. 너희 혹시 은행에 계좌가 있니?

오바른: 네, 있어요. 설날에 받은 세뱃돈 열심히 저축하고 있습니다.

모 교수: 그렇구나. 그럼 바른이도 간접적으로 투자를 하고 있는 거란다. 왜냐하면 은행이 고객의 예금을 가만히 금고 안에 보관하는 것이 아니라 기업에 투자하고 있으니까 말이야. 그러니까 바른이도 기업에 투자하고 있는 투자자인 셈이지. 우리가 은행에 돈을 맡기면 은행은 그 돈으로 기업에 투자해 수익을 거두고, 그 일부를 우리에게 이자로 돌려주는 거야.

나대로: 바른이가 은행을 통해 간접적으로 기업에 투자하고 있다는 말씀이세요?

모 교수: 그렇지. 은행이 투자자와 기업 사이에서 자금을 중개하는 역할을 하는 거야.

나대로: 윽, 어쩐지 의문의 1패 같은 느낌. 저도 계좌를 만들어야겠어요.

모 교수: 은행 예금처럼 간접적으로 투자하는 방법도 있고, 기업이 발행한 주식이나 채권에 직접 투자하는 방법도 있어.

나대로: 주식 투자에 관심이 있습니다.

모 교수: 그렇구나! 그럼 주식에 대해 좀 더 설명해볼까? 어떤 회사의 자산의 가치가 1억 원이라고 하자. 이 중에 이 회사가 빌린 돈(부채)이 3,000만 원이야. 그럼 1억 원에서 빌린 돈 3,000만 원을 뺀 나머지 7,000만 원이 순수한 회사 소유겠지? 이때 이 7,000만 원을 '자기자본'이라고 불러. 이게 이 회사의 주식 총가치인 거야.

나대로: 주식 가격이 7,000만 원이라는 말씀이세요? 아이고, 너무 비싸요. 저는 주식 투자 꿈도 못 꾸겠어요.

오바른: 그러게요, 교수님. 삼성전자가 우리나라에서 제일 큰 회사 아닌가요? 그런데 주식 가격이 10만 원 정도던데요?

모 교수: 7,000만 원은 주식 가치의 총합이고, 한 주의 가치를 알려면 전체 자기자본(주식)의 가치를 주식 수로 나눠주면 돼. 만약 이 회사의 주식이 다 합해서 1,000주라면 7,000만 원÷1,000주 =7만 원/주, 그러니까 한 주의 가격은 7만 원이야.

나대로: 어라? 그럼 한 주의 가격이 비싸다고 그 회사가 큰 건 아니겠네요?

모 교수: 그렇지. 주식 가격이 회사 크기와 꼭 비례하는 건 아니야. 자기자본의 가치가 커도 주식 수가 많으면 한 주의 가격은 낮을 수 있거든. 그러니까 주식은 기업의 '자기자본을 잘게 쪼개서' 여

러 사람이 나눠 가질 수 있게 하는 도구인 셈이지.

오바른: 더 많은 사람이 주식을 살 수 있게 말이죠?

모 교수: 그래. 그러면 기업은 더 많은 투자자에게 더 많은 자본을 조달할 수 있으니까. 너희가 만약에 7만 원을 주고 이 회사 주식을 한 주 산다면, 너희는 이 회사 자기자본의 0.1퍼센트를 가진 주주가 되는 거야. 회사 주인들 중 한 사람이 되는 거지.

나대로: 흠흠, 구미가 당깁니다.

오바른: 그런데 주식 가격은, 예를 들어 7만 원에 멈춰 있지 않고 계속 변하던데요?

모 교수: 그건 시간이 흐르면서 회사를 둘러싼 경제 상황과 정보가 변하고, 그에 따라 자기자본 가치에 대한 시장의 평가 역시 계속해서 변하기 때문이야. 이런 내용이 주식 가격에 반영되는 거지. 만약에 회사가 앞으로 돈을 더 잘 벌 것 같으면 주식 가격은 오를 것이고, 반대로 돈을 예전만큼 벌지 못할 것 같으면 주식 가격은 떨어질 거야.

나대로: 은행 예금하고는 다르네요. 가격이 계속 변하니까 돈을 더 벌 수 있기도 하지만, 돈을 잃을 수도 있어서 좀 불안할 것 같아요.

모 교수: 맞아. 예금하고는 다르게 주식 가격은 불확실하고 또 크게 변해. 그래서 투자자는 올바른 투자를 하기 위해 여러 증권에

대한 가치를 제대로 평가할 줄 알아야 해. 투자할 때 대로가 말한 불안을 줄일 필요도 있고. 부를 늘리기 위해 한정된 자본을 효율적으로 배분하는 방식을 알아야 하는 거지. 그게 바로 투자 분야에서 배우는 내용이란다.

금융회사의 역할

오바른: 그렇군요, 교수님. 벌써 기업재무에서 투자까지, 진도 정말 빠른데요?

모 교수: 학생들이 우수해서 진도가 팍팍 나가는걸.

나대로: 하시는 김에 금융회사 이야기도 마저 해주시죠.

오바른: 네, 부탁드려요. 금융회사는 자본시장에서 어떤 역할을 하나요?

모 교수: 그럴까? 진도 좀 더 나가볼까?

금융회사는 투자자의 투자를 대행하거나 중개해서 돈을 벌어. 증권회사가 사람들에게 주식을 사고팔 수 있는 시스템을 이용하게 해주고 수수료를 받는 것처럼 말이야.

다만 금융회사가 단순히 거래를 대신하거나 시스템을 제공하는 역할만 하는 건 아니야. 기업과 투자자 사이의 정보 차이를 줄여서 기업 가치(가격)를 더 정확하게 알 수 있게 돕는 역할도 한단다.

오바른: 금융회사가 저희 같은 일반 사람들보다 기업 정보를 더

잘 모으고 더 잘 분석한다는 말씀이시죠?

모 교수: 맞아. 우리처럼 기업 밖에 있는 일반 투자자들은 회사의 내부 사정까지 속속들이 알기가 어렵거든. 그러다 보니 기업의 진짜 가치를 정확히 판단하기가 힘들지.

나대로: 수박 살 때, 겉만 보고 어떤 게 더 단지 알기 어려운 것처럼요?

모 교수: 그래, 대로야. 아주 좋은 비유구나. 그럴 때 금융회사들이 마트 전문가 같은 역할을 해. 예를 들어 증권사 애널리스트(재무분석가)는 기업을 직접 찾아가기도 하고 자료를 꼼꼼히 살펴보면서, 겉으로 잘 보이지 않는 정보까지 알아내려고 노력하지. 또 경영진이 왜 그런 결정을 하는지도 이해하려고 해. 그리고 이렇게 모은 정보를 바탕으로 이 회사의 적정한 가격이 어느 정도인지를 분석해서 투자자에게 알려준단다. 투자자들이 더 올바른 선택을 하도록 돕는 거지.

나대로: 마트 아저씨가 전문가적 눈썰미로 맛있는 수박을 골라서 추천해주는 거랑 비슷하네요.

모 교수: 그렇지. 금융회사도 그런 역할을 하는 거야.

올바른: 골라준 수박이 맛있어야 그 마트에 계속 가는 것처럼, 금융회사도 돈을 벌려면 투자자들이 믿을 수 있는 정보를 잘 골라서 알려줘야겠어요.

     14살의 CEO 수업

모 교수: 맞아. 금융회사도 투자자들이 신뢰할 만한 정보를 꾸준히 제공해야 신뢰를 얻고 돈을 벌 수 있지. 그래서 금융회사들이 스스로의 가치를 증가시키기 위해 더 열심히 분석하고 경쟁할수록, 자본시장에서는 더 좋은 기업으로 더 많은 자금이 흘러가게 된단다. 물론 현실에서는 늘 완벽하진 않지만 말이야.

Box 1. 대리인 문제

주식회사는 자기자본을 주식으로 잘게 나눠 많은 투자자에게 팔아 자금을 마련합니다. 이 방법은 큰돈을 모으기에는 좋지만, 그만큼 주주가 매우 많아진다는 특징이 있어요. 즉, 회사의 주인이 아주 많아지는 겁니다.

그런데 주인이 너무 많아지면 어떤 문제가 생길까요? 동네 중국집에 주인이 100명이라고 상상해볼까요? 손님이 와도 주인들 때문에 앉을 자리가 부족할지 몰라요. 무엇보다, 모두가 '내가 주인이다'라며 운영에 참여하려 하면 가게가 제대로 굴러가기 어렵겠지요.

기업도 마찬가지입니다. 수많은 주주가 직접 경영에 참여하는 건 현실적으로 불가능합니다. 게다가 대부분의 주주는 경영 전문가가 아니기 때문에, 모두가 경영에 끼어들면 오히려 효율이 떨어질 수 있습니다. '사공이 많으면 배가 산으로 간다'는 속담처럼요.

그래서 주식회사는 자연스럽게 소수의 경영 전문가가 많은 주주를 대신해 회사를 운영하는 형태로 발전했습니다. 국민 모두가 국가 운영에 직접 참여할 수 없으니 대통령을 뽑아 나라 일을 맡기는 것과도 비슷한 구조입니다.

하지만 이런 구조에는 또 다른 문제가 생깁니다. 주주가 회사 밖에 있기 때문에, 경영진이 회사 안에서 어떤 결정을 내리는지 일일이 알거나 감시하기가 어렵다는 점이지요. '전문가에게 맡기면 알아서 잘하지 않을까?'라고 생각할 수도 있습니다. 물론 그럴 때도 많습니다. 다만 경영진이 바라는 것과 주주가 바라는 것이 항상 같지는 않다는 게 문제입니다.

이때 경영진이 자신의 편의나 이익을 위해, 주주가 원하지 않는 방향으로 결정을 내릴 수도 있습니다. 주주가 회사를 대신 운영해달라고 경영진을 고용했는데도, 경영진이 주주의 이익을 해칠 가능성이 생기는 것이지요. 이런 상황을 '대리인 문제(agency problem)'라고 부릅니다.

예를 들어 경영진의 해외 출장이 잦다고 해볼까요? 주주 입장에서는 출장비를 아끼는 것이 좋겠지요. 그런데 경영진이 더 편하게 출장을 다니고 싶어 회사 전용 제트기 구매를 결정할 수도 있습니다. 제트기는 회사 돈, 즉 주주의 돈으로 사는 건데 실제로는 경영진만 이용하게 됩니다. 이 결정이 회사의 성과를 크게 높이지 못한다면, 주주 입장에서는 손해가 될 수 있겠지요.

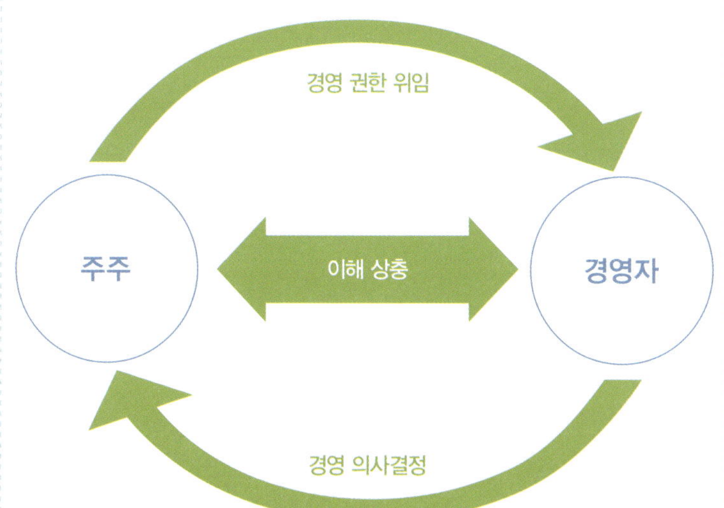

오클랜드 애슬레틱스라는 미국 메이저리그 야구팀을 소재로 한 영화 <머니볼>을 떠올려볼 수도 있습니다. 영화에서 단장은 팀 성적을 높이기 위해 새로운 선수 기용 방식을 제시하지만, 감독은 이를 따르지 않고 자신의 방식을 고집합니다. 야구계에서는 전례 없는 기용 방식이기 때문에 실패했을 때 자산의 평판이 나빠져 다음 일자리를 구하기 어려워질까 걱정하기 때문이지요.

여기서 단장을 '주주', 감독을 '경영진'에 비유해봅시다(물론 완전히 같지는 않습니다). 감독이 자신의 평판과 자리를 지키려는 마음 때문에 팀에 더 좋은 선택을 외면할 수 있듯이, 기업의 경영진도 자신의 이익이나 지위를 지키려는 목적에서 주주에게 불리한 결정을 내릴 수 있습니다.

소유(주주)와 경영(경영진)이 분리된 주식회사에서는 이런 대리인 문제가 자주 나타날 수 있습니다. 그래서 주식회사는 경영진에게 권한을 맡기되 경영진의 결정이 회사 가치에 어떤 영향을 주는지 살피고 감시하는 견제 장치도 함께 갖추려 노력한답니다.

2.
핵심 이슈:
① 돈의 시간 가치 이해하기

앞서 설명한 것처럼, 기업과 투자자는 자본시장에 참여하면서 스스로의 가치를 높이기 위해 항상 고민한답니다. 그러자면 기업도 투자자도 선택할 수 있는 증권이나 투자안의 가치를 잘 평가할 수 있어야 합니다. 그래야 대안들을 서로 비교해보고 최적의 선택을 할 수 있을 테니까요.

이때 자산 가치를 올바르게 평가하기 위해서는 '돈의 시간 가치'라는 개념을 이해할 필요가 있어요. 재무의 가장 기초적인 개념 중 하나죠.

재무에서 어떤 자산을 사는 것은, 그 자산을 갖고 있으면 장차 받을 수 있는 현금을 사는 것과 같습니다. 돈을 돈 주고 산다고

요? 네, 맞습니다. 금융 상품을 사는 것은 돈을 돈 주고 사는 것입니다. 다만 장차 받을 '미래'의 현금을 '지금' 사는 것이죠.

그러니까 자산을 사는 데 지불하는 값은 장차 받을 현금의 현재 가치인 셈이에요. 그런데 시점이 달라지면 돈의 가치도 달라집니다. 미래의 돈을 오늘 얼마를 주고 살지 결정하기 위해서는 미래 현금을 현재 가치로 전환해봐야 해요. 그러자면 돈의 시간 가치라는 개념을 알아야 하고요.

이렇게 가정해볼까요? 부모님이 여러분에게 100만 원을 주겠다고 말씀하셨어요. 정말 큰돈이죠? 여러분은 그 100만 원을 오늘 당장 받는 것이 좋은가요? 아니면 1년 뒤에 받는 것이 좋은가요? 둘 중 하나를 선택해야 한다면 말이에요. 결정했나요?

아마도 많은 친구들이 당장 받는다고 대답했을 것 같네요. 왜 그렇게 결정했나요? 추측하건대 오늘 당장 100만 원을 받으면 그 돈으로 1년 동안 하고 싶은 것을 할 수 있기 때문이 아닐까요?

예를 들어 오늘 100만 원을 받으면 은행 예금에 투자할 수 있겠죠. 1년 뒤에 돈을 받는다면, 그 1년 동안 100만 원으로 잡을 수 있는 기회들을 포기해야 해요. 은행에 예금하고 받은 이자로 돈을 더 크게 불릴 수 있는 기회를 잃는 것이죠.

그러니까 지금 100만 원을 받는 것은, 1년 뒤 받을 100만 원에다가 1년 동안 100만 원으로 투자할 수 있는 기회를 추가로 받는 것과 같습니다. 그래서 같은 100만 원이라도, 1년 뒤의 100만 원보다 지금 당장의 100만 원이 더 가치가 높은 것입니다.

그럼 1년 뒤 100만 원의 가치는 현재 100만 원보다 작을까요?

네, 그렇습니다. 그렇기 때문에 미래에 발생하는 현금을 현재 가치로 전환하면 그 액수가 작아진답니다.

이렇게 미래의 돈을 현재의 돈으로 전환하는 과정을 '할인(discountng)'이라고 부릅니다. 다들 마트나 백화점 같은 데서 할인이라는 말 많이 들어봤죠? 물건값을 깎아주는 거잖아요. 여기서도 마찬가지 의미입니다. 미래에 생기는 현금을 깎아서 현재 가치로 바꾼다는 뜻입니다.

예를 들어 여러분이 오늘 100만 원을 받아서 5퍼센트 이자를 주는 은행 정기예금에 투자했다고 가정해보죠. 5퍼센트 이자란 오늘 이 예금에 원금 100만 원을 투자하면, 1년 뒤에 100만 원에 대한 5퍼센트 이자인 5만 원(100만 원×0.05=5만 원)이 생긴다는 뜻입니다. 그럼 1년 뒤에 여러분이 받는 총액은 원금과 이자를 합해 105만 원(100만 원×1.05=105만 원)이 됩니다. 그렇기 때문에 여러분에게 1년 뒤의 105만 원은 현재 100만 원과 같은 가치입니다. 오늘 100만 원을 받든 1년 뒤에 105만 원을 받든, 둘 중 어느 쪽을 선택해도 차이가 없어요.

반대로 생각하면 1년 뒤 105만 원의 현재 가치는 100만 원입니다. 105만 원을 현재 가치 100만 원으로 전환하는 과정(105만 원÷1.05=100만 원)을 할인이라 부르고요. 지금 돈을 받으면 5퍼센트 수익을 낼 기회가 생기니까, 1년 뒤에 받을 액수보다 5만 원을 적게 받는다는 의미죠.

그러니까 여러분의 선택은 정확했어요. 어렴풋이 오늘 받는 게 나을 것 같다고 느꼈을 뿐인지는 몰라도요. 정확한 수치를 생각하지는 않았더라도 여러분은 이미 돈의 시간 가치 개념을 직관적으로 파악하고 있었던 것이랍니다. 네, 으쓱대도 좋아요. 아주 우수한 학생들이니까요.

이제 우리는 100만 원을 5퍼센트 이자를 주는 정기예금에 1년 동안 투자하면, 1년 뒤에 이자 5만 원이 더해져 통장에 105만 원이 들어온다는 것을 알았습니다.

만약 투자 기간을 늘리면 어떻게 될까요? 통장에는 얼마가 들어 있을까요? 이 답을 알려면 우선 단리와 복리의 개념을 이해해야 해요. 단리와 복리는 모두 투자 금액에 이자가 붙는 방식이지만, 약간의 차이가 있답니다. 어떻게 다른지 같이 알아볼까요?

먼저 단리(simple interest)는 처음 투자한 금액에만 이자가 붙는 방식입니다. 원금에만 이자가 붙고, 이자에는 이자가 생기지 않아요. 무슨 말이냐고요?

예를 들어 100만 원을 5퍼센트 단리를 주는 예금에 투자했다고 합시다. 그런데 이번에는 1년이 아니라 2년 동안 투자할 생각입니다. 100만 원을 1년 동안 투자하면, 1년 뒤에는 통장에 원금 100만 원과 이자 5만 원, 이렇게 105만 원이 있겠죠. 이 105만 원을 통장에서 꺼내지 않고 다시 1년 동안 투자하는 것입니다. 그러면 105만 원 중 처음 투자한 100만 원에는 다시 이자 5퍼센트가 붙습니다. 그러나 5만 원은 이자이기 때문에 다시 이자가 붙지 않아요. 그래서 1년이 지난 뒤에도 여전히 5만 원 그대로입니다. 결국 2년 뒤 통장에는 105만 원과 5만 원, 이렇게 110만 원이 들어 있겠죠.

복리(compound interest)는 원금분만 아니라 이자에도 이자가 붙는 방식입니다. 100만 원을 5퍼센트 복리를 주는 예금에 2년 동안 투자했다고 해볼까요? 첫 1년간은 단리와 차이가 없습니다. 원금 100만 원에 5퍼센트 이자가 붙어서 통장에는 105만 원이 들어 있을 거예요.

이 105만 원을 다시 1년 더 투자하면, 원금 100만 원은 단리와 마찬가지로 다시 5퍼센트 이자가 붙어 105만 원이 됩니다. 그런데 이번에는 이자 5만 원에도 5퍼센트 이자인 2,500원(5만 원×0.05)이 붙습니다. 그러니까 5만 2,500원(5만 원×1.05)이 되는 것이죠. 그 결과, 2년 뒤 통장에는 모두 110만 2,500원(100만 원×1.05×1.05)이 들어 있게 됩니다.

이렇게 복리는 원금분 아니라 이자까지 함께 다시 투자됩니다. 그래서 원금만 다시 투자되는 단리에 비해 이자 액수가 더 커진답니다. 2,500원이 큰 액수가 아니라고 느끼는 친구가 있을지도 모르겠네요. 그런데 다음 내용을 읽으면 쉽게 그런 생각을 할 수 없을 거예요. 투자 기간이 길어지면 길어질수록 단리와 복리에 의한 금액 차이는 더욱 빠르게 커지거든요.

2년이 아니라 30년 동안 5퍼센트 이자율로 투자한다고 가정해볼까요? 단리로 투자하면, 30년 뒤에 여러분 통장에는 250만 원(100만 원+30×5만 원)이 들어 있을 것입니다. 원금이 100만 원이니까 이자로 150만 원이 늘어난 것이죠. 그런데 복리로 투자하면, 총

14살의 CEO 수업

액은 432만 1,900원(100만 원×1.05³⁰)이 됩니다. 이 중 이자는 332만 1,900원으로, 단리 이자의 두 배가 넘죠(단, 복리 계산이 1년에 한 번 이루어진다는 가정하에서입니다).

1626년, 네덜란드 총독이 원주민에게서 오늘날 미국 뉴욕의 맨해튼에 해당하는 지역을 단 24달러 상당의 장신구를 주고 샀다고 합니다. 지금 들으면 "고작 그 돈에 맨해튼을 팔았다고?" 하고 놀랄 수 있겠지요. 그런데 만약 그 24달러를 연 10퍼센트의 복리로 계속 투자했다면 어떻게 됐을까요? 2026년 기준으로 무려 약 86경 5,500조 달러(24달러×1.10⁴⁰⁰)로 불어났을 것입니다. 이 돈은 미국, 캐나다, 그리고 멕시코 전부를 사고도 남을 정도로 어마어마한 규모라고 하네요.(스티븐 A. 로스, 랜돌프 W. 웨스터필드, 브래드퍼드 D. 조던 (2021), 《Fundamentals of Corporate Finance》(제13판), McGraw Hill) 복리의 힘(power of compounding)이 정말 대단하지 않나요?

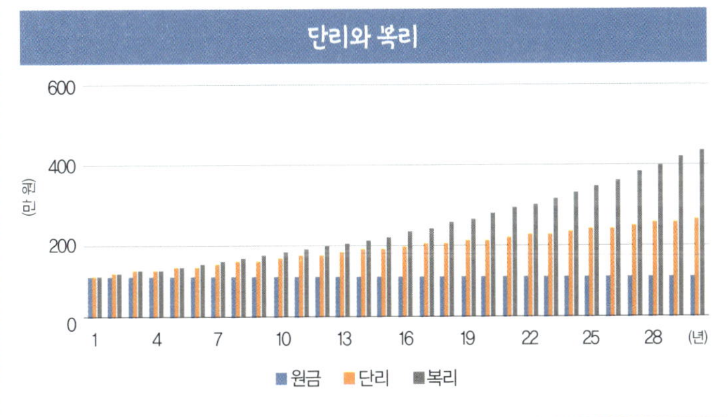

2-1.

핵심 이슈:
② 위험과 수익의 관계 이해하기

우수한 학생들이니 하나 더 배워볼까요? 앗, 하나를 더 설명하기 위한 대가성 칭찬이었냐고요? 하하, 그럴 리가요. 완전 진심이었답니다! 워낙 중요한 개념이라 알면 좋을 것 같아요. 바로 위험(risk)과 수익(return)의 관계입니다.

자산으로 얻을 수 있는 미래 현금이 위험할수록 자산의 평균 수익이 더 커진다는 원리인데요. 혹시 들어봤나요? 아, 들어보지 못했다 해도 걱정 마세요. 아마 대부분이 처음 들어봤을 거예요.

그런데 현금이 위험하다니 무슨 말이냐고요? 맞아요. 생소한 표현이겠네요.

은행 정기예금 이야기를 다시 해볼까요? 흔히 은행이라고 하

                                        14살의 CEO 수업

면 우리은행, KB은행, 신한은행, 하나은행, NH은행 같은 곳들을 생각합니다. 규모도 크고 그만큼 건강한 대형 은행들이죠. 이런 곳들을 흔히 시중은행이라고 부릅니다.

은행 중에는 이 시중은행과 달리 규모가 작고 재정적으로 좀 덜 건강한 저축은행이라는 곳도 있답니다. 사실 저축은행은 법적으로 일반 은행과 구분되는 별도의 금융기관이에요.

이 두 종류 은행 중 먼저 시중은행의 정기예금 이자율이 5퍼센트라고 가정해봅시다. 오늘 이 예금에 100만 원을 투자하면 1년 뒤에 105만 원을 받을 수 있다는 것은 앞에서 계산했습니다. 만약 저축은행의 정기예금 이자율도 5퍼센트라면 어떨까요? 시중은행과 저축은행 중 한 곳을 택해 100만 원을 투자해야 한다면, 여러분은 어디에 투자하고 싶은가요?

흠, 어떤 친구는 집에서 먼 저축은행까지 가려면 차비가 드니까 시중은행을 택할 수도 있겠네요. 아주 신선한 논리입니다. 또 어떤 친구는 이자율이 5퍼센트로 같으니까 어디에 투자하든 상관없다고 말할 것 같기도 합니다. 그러나 아마 많은 친구들이 저축은행은 좀 작고 들어본 적도 별로 없으니, 내가 맡긴 돈이 혹시나 어떻게 될까 싶어 시중은행에 투자하는 것이 낫다고 생각했을 것 같습니다. 어떤가요? 제 추측이 맞았나요?

실제로 많은 사람들이 저축은행이 시중은행보다 더 불안하거나 더 위험하다고 알기에, 이자율이 같으면 저축은행보다는 시중은행에 투자하는 쪽을 택할 것입니다.

그럼 과연 불안하고 위험하다는 게 무슨 의미일까요? 금고의 보안장치가 허술하다는 뜻일까요? 청원경찰 아저씨가 힘이 좀 약하다는 뜻일까요?

여기서 불안하고 위험하다는 것은 여러분이 투자해서 받기로 한 돈을 제대로 받을 수 있을지에 대한 불확실성이 크다는 의미입니다. 여러분이 느낀 것처럼 실제로 저축은행이 시중은행보다 아무래도 규모가 작고 덜 건강하거든요. 그래서 여러 경제 상황에 취약할 수 있습니다. 그렇기 때문에 약속된 시점(1년 뒤)에 약속된 돈(105만 원)을 모두 돌려줄 수 있을지에 대한 불확실성이 시중은행보다 크다는 것이죠.

혹시 이런 생각은 들지 않나요? 그럼 저축은행에는 아무도 예금을 맡기려 하지 않겠네요?

네, 이자율이 대형은행과 같다면 대다수 사람들은 시중은행에 예금할 것입니다. 그래서 저축은행이 고객을 유치하기 위해서는 시중은행보다 더 높은 이자율을 약속해야 합니다. 그래야 사람들이 저축은행의 예금 상품에 투자할 테니까요. 즉 시중은행 이자율이 5퍼센트라면, 예컨대 이보다 큰 6퍼센트 수익을 주겠다고 약속해야 하는 것이죠. 그럼 더 위험하긴 하지만 시중은행보

14살의 CEO 수업

다 높은 수익을 얻을 수 있으니 저축은행을 택하는 투자자가 나타날 것입니다.

여기서 우리는 중요한 관계를 확인할 수 있습니다. 위험이 클수록 이자율(수익률)이 높아지는 관계 말입니다. 사람들은 일반적으로 현금을 받을 수 있을지 불확실한 것, 액수가 확실하지 않고 변동할 수 있는 것을 싫어합니다. 위험을 싫어하는 거죠. 그렇기 때문에 위험이 있는 투자안에 대해서는 그만큼 더 많은 보상을 받으려 합니다. 위험한 투자인데도 불구하고 수익이 크지 않다면 투자하고 싶지 않을 테니까요. 그 결과, 투자안의 위험이 클수록 그 투자안에 기대하는 수익도 커지는 관계가 성립합니다. 이런 관계를 '위험 – 수익의 관계'라고 부릅니다.

이 원리는 예금이자율 말고 다른 곳에서도 찾아볼 수 있어요.

예를 들어 은행에서 대출을 받는다고 해볼까요? 대출이란 은행에서 돈을 빌리는 것입니다. 여러분의 부모님도 집을 살 때 아마 은행에서 대출을 받으셨을 테고, 저를 포함한 많은 사람이 이런저런 이유로 은행에서 대출을 받습니다.

은행은 사람들에게 돈을 빌려줄 때 누구에게나 같은 이자율을 적용하지 않습니다. 돈을 빌리는 사람이 누구냐에 따라 이자를 얼마나 받을지 결정한답니다. 돈을 빌리려는 사람이 얼마나 돈을 잘 갚을지를 여러 가지 정보를 토대로 판단하고, 이에 맞는 이자율을 정하죠.

만약 빌려준 돈을 받지 못할 가능성이 크다고 판단한다면, 은행은 더 높은 이자율을 요구할 것입니다. 왜냐하면 은행도 위험이 클수록 더 큰 수익을 요구하기 때문이죠. 돈을 빌린 사람(대출자)이 갚아야 할 이자가 은행 입장에서는 수익이니까, 여기에도 위험과 수익의 비례 관계가 성립하는 것이랍니다.

기업이 돈을 빌릴 때도 마찬가지 원리가 적용됩니다. 이름 없는 소규모 기업에게 적용되는 이자율이 삼성전자나 현대자동차 같은 대규모 기업의 이자율보다 높은 법이죠.

그럼 여러분 중 누군가는 이런 질문을 할 수도 있을 것 같습니다. "주식 투자에도 이런 원리가 적용되나요?"

네, 그렇습니다. 같은 원리로 사람들은 은행에 예금할 때보다 주식에 투자할 때 훨씬 더 큰 수익을 기대합니다. 은행의 정기예금은 오늘 투자하면 1년 뒤에 얼마를 받을지가 거의 확실합니다 (가능성이 별로 없긴 하지만, 만약 은행이 망한다면 돈을 받지 못할 수도 있겠죠). 그런데 주식은 어떤가요? 예금과 달리, 앞으로 얼마가 될지 정말 알기 어렵습니다. 정확히 알 수 있다면 아마도 엄청난 부자가 되겠죠. 하지만 실제로는 내가 산 가격에서 더 떨어질 수도 있어 불안합니다. 손실이 생기니까요. 1년 뒤 가격은커녕 매분 매초마다 변하기도 하니, 그 불확실성은 예금에 비해 정말 큰 셈이죠. 주식 투자가 예금보다 훨씬 더 위험한 것입니다. 그래서 사람들은 주식에 투자할 때 위험이 큰 만큼 예금보다 훨씬 더 큰 수익을 기대합니다.

요즘 가상화폐에 투자하는 사람들이 많은데, 가상화폐도 마찬가지입니다. 가상화폐는 가치 변동이 워낙 커서, 투자하는 사람들은 그만큼 더 큰 수익률을 기대하죠.

모두 위험이 클수록 수익이 커지는 원리가 작용하고 있는 것입니다.

이제 위험 – 수익 관계의 원리에 좀 익숙해졌나요?

흥미로운 사실은 이런 위험 – 수익 관계의 원리가 재무에서만 작용하는 것은 아니라는 점이에요. 실생활 여기저기에서 찾아볼 수 있답니다.

예를 들어 소방관이나 파일럿이 받는 위험수당은 어떤가요? 불을 끄거나 하늘을 나는 것은 생명을 건 위험한 업무입니다. 그래서 위험수당을 추가로 지급받죠. 위험한 만큼 더 많은 수익이 있어야 한다는 원리가 여기에도 작용하는 것입니다. 만약 그렇지 않다면 아무도 이 일을 하지 않으려 할지도 몰라요.

우리가 평소에 직관적으로 해왔던 의사결정에 돈의 시간 가치, 위험 – 수익의 관계 같은 원리들이 이미 작용하고 있었다는 것을 이제는 잘 알 것입니다. 오늘 이야기를 듣고, 그동안 재무라는 분야가 나와는 상관없는 딴 세상 이야기라고 생각했던 친구들도 재무를 더 친근하게 느낄 수 있게 됐기를 바랍니다.

3.

재무 전문가 되는 길:
애널리스트

마지막으로 재무를 공부하면 어떤 직업을 가질 수 있는지 알아볼까요? 자본시장에서 재무 전문가가 맡을 수 있는 역할이 많은데요. 그중에서 오늘 소개할 직업은 애널리스트입니다. 앞에서 잠깐 이야기가 나왔는데 혹시 기억나나요?

애널리스트는 주식시장에서 자신이 담당하는 산업 분야(섹터)와 기업에 대한 정보를 취합하고 분석해 미래를 전망합니다. 그리고 이 정보를 개인 고객이나 기관투자가에게 제공합니다. 투자자는 애널리스트에게서 얻은 정보를 중요한 투자 지표로 활용해 투자를 결정해요. 그러니까 애널리스트는 투자자의 투자 결정을 돕고, 거래를 활성화시키는 역할을 하는 것이죠. 이 역할을

통해 자본시장에서 정말 필요한 곳에 돈이 먼저 흘러갈 수 있도록 도와줘요.

애널리스트가 되기 위해서는 어떤 공부를 해야 할까요? 네, 재무 공부가 가장 중요하답니다. 제가 재무 교수여서 그런 거 아니냐고요? 살짝 그렇기도 합니다.

재무 외에도 경제, 시장, 산업, 기업 등 여러 분야에 대한 지식을 골고루 쌓으면 더 좋습니다. 애널리스트에게는 경제지표와 재무 정보를 읽고 해석할 줄 아는 능력이 가장 중요한데요. 이를 잘하기 위해서는 기업과 경제에 대한 다방면의 지식이 도움이 되기 때문이죠.

그렇다고 반드시 경영, 경제 분야를 전공한 친구들만 애널리스트가 될 수 있는 것은 아닙니다. 과학, 공학같이 다른 분야를

14살의 CEO 수업

공부한 친구들도 전공 지식을 활용해 관련된 섹터의 애널리스트로 이름을 떨치는 경우도 많답니다.

애널리스트가 되려면 어떤 경로를 거쳐야 할까요? 증권회사 RA(Research Assistant, 연구 보조원)로 시작하는 것이 가장 일반적입니다. 정규 애널리스트의 보조 역할을 하는 것이죠. 이 과정을 통해 데이터를 분석하는 방법을 학습하고, 다른 시장 참여자와 소통하는 방법을 배울 수 있습니다. 일종의 훈련 과정이에요. 담당 분야의 전문성이 쌓이면 정식 애널리스트로 성장할 수 있어요.

최근에는 RA를 수시 채용으로 뽑는 경우가 많아요. 금융회사 인턴십이나 대학교 투자 동아리 활동을 통해 데이터 처리 기술을 익히고, 자본시장과 기업 분석에 대한 기초 경험을 쌓아두면 입사에 유리하게 작용하기도 합니다.

RA를 거쳐 정식 애널리스트로 데뷔한 다음에는 계속 전문성을 높여 커리어를 이어가는 것이 일반적입니다. 자금을 직접 운용하는 펀드매니저(fund manager)가 되거나 투자자에게 기업을 홍보하고 설명하는 분야(investor relations), 기업의 증권 발행을 돕는 분야(investment banking)로 진출하기도 합니다.

애널리스트는 담당 분야에 대한 전문성을 인정받고, 이 전문성을 필요로 하는 직무로 이직할 수 있는 기회가 적지 않습니다. 이 기회를 잘 이용하면 자신에게 더 잘 맞는 경력을 개발해나갈 수 있겠죠?

애널리스트의 하루는 어떨지 궁금하지 않나요? 애널리스트는 일과를 좀 일찍 시작합니다. 아침 일찍 출근해 해외시장 동향과 지난밤 뉴스를 확인하기 위해서죠. 9시에 증권시장이 개장하면 시장의 시작 상황을 확인합니다. 더불어 개인 고객, 증권회사 영업점, 기관투자가가 요청하는 자료를 준비합니다. 정기적으로 발간하는 전망 자료[주간, 월간, 인뎁스(in depth, 심층 보고서)]도 틈틈이 작성하고요. 기관투자가 고객이나 영업점과 전화 또는 화상 미팅을 진행하기도 해요. 증권시장이 끝나면 마감 시황을 작성합니다. 이렇게 각종 자료를 작성하고, 미팅과 세미나를 하는 등 업무 강도는 만만치 않습니다. 보수는 대기업의 동일 직급에 비해 높은 것으로 알려져 있습니다.

AI(인공지능)가 발전하면 애널리스트라는 직업은 과연 어떻게 될까요? 아마도 자료를 분석하고 처리하는 업무는 사람보다 AI가 더 잘할 수 있을 것 같아요. 하지만 AI는 과거 자료를 학습하고 이를 기반으로 의사결정을 하는 만큼 사람만의 고유한 미래에 대한 식견(insight)을 완벽하게 대체하기는 어렵다고 여겨집니다. 그래서 AI를 투자 분석 도구로 잘 활용해 창의적인 투자 아이디어를 제시할 수 있는 애널리스트의 가치는 어쩌면 지금보다 더 높아질지도 모르겠습니다.

애널리스트라는 직업 소개를 끝으로, 잠깐이지만 재무라는 학문에 대해 알아봤습니다.

어떤가요? 지금껏 잘 몰랐던 재무에 대해 조그마한 관심이라도 생겼다면 저는 정말 보람될 것입니다. 재무가 우리 생활에서 멀리 떨어진 학문이 아니라는 점을 기억해주세요.

그동안 함께 공부하느라 고생했습니다.

오바른의 필기

· 자본시장을 구성하는 기업, 투자자, 금융회사가 스스로의 가치를 높이기 위한 최선의 의사결정이 뭔지를 연구하는 학문

· 주식회사는 대개 경영자가 주주를 대리해 기업을 경영함. 때때로 경영자가 주주보다 자신을 위해 의사결정을 하기도 하는데, 이를 '대리인 문제'라고 부름

① 돈의 시간 가치

　　→ 시점에 따라 돈의 가치가 달라짐

　　→ 미래 현금을 현재로 전환하는 과정을 할인이라고 함

② 위험-수익의 관계

　　→ 위험이 클수록 기대하는 수익도 커짐

· 단리는 원금에만 이자가 붙고, 복리는 원금과 이자 모두에 이자가 붙음

· 재무를 공부하면 할 수 있는 일: 애널리스트(재무분석가)

나대로의 필기

- 돈과 직접적으로 관련된 분야

- 기업, 투자자, 금융회사가 자본시장을 구성하고 자금을 거래한다.

- 경영자가 주주 대신 회사를 경영해서 대리인 문제가 생김

- 돈은 미래에 받는 것보다 당장 받는 게 낫다.

- 위험이 큰데 큰 수익을 기대할 수 없으면 나도 투자 안 하고 싶다.

- 단리보다 복리가 돈이 빨리 늘어남

- 시간이 갈수록 단리와 복리의 차이는 점점 더 커짐

여러분의 삶을 멋지게 경영하세요

지금까지 마케팅, 인사조직, 회계, 재무를 공부하면서 경영학이란 무엇인지 알아봤습니다. 경영학에는 지금까지 배운 것 말고도 더 많은 분야가 있답니다. 예를 들어 경영과학, 생산관리, 경영정보(MIS), 국제경영, 경영전략도 모두 경영학에서 공부하는 내용들입니다. 나중에 경영학을 전공하면 이 모든 것을 더욱 자세히 공부하게 될 테니 지금은 이 정도로 만족하기로 합시다.

분명한 것은 여러분이 앞으로 인생을 살다보면 경영학 지식이 필요한 순간이 반드시 생길 거란 사실입니다. 예를 들어 여러분이 당장 학급 회장 선거에서 친구들의 '선택'을 받아야 할 때도 있고, 친구들과 가볍게 이야기를 나눌 때 내 의견이 '선택'됐으면 하고 바랄 때도 있을 것입니다. 좋아하는 이성 친구에게 '선택'을 받아야 하는 긴장되는 순간도 있을 것입니다. 언젠가는 대학교도 졸업하고, 취업 시장에서 기업의 '선택'을 받아야 할 때도 오겠죠. 이렇게 여러분에게 '선택'이 필요한 순간, 분명히 마케팅 지식이 도움이 될 것입니다.

이뿐만이 아닙니다. 살다보면 인사조직 지식이 필요한 순간도 생길 것입니다. 예를 들어 여러분이 규모가 작더라도 팀의 리더가 된다면 주요 결정에 인사조직 지식이 도움이 되리라 생각합니다. 어떤 일을 누구에게 맡겨야 할 때, 그때가 바로 인사에 관한 통찰이 필요한 순간이죠. 어떤 사람이 우리 조직에 필요한지 기준을 정할 때도 인사조직 지식이 필요하고, 심지어는 친구나 배우자를 정할 때도 좋은 판단 기준을 제공할 수 있습니다. 리더라면 좋은 사람 하나가 조직 전체를 살릴 수도, 망하게 할 수도 있음을 꼭 기억할 필요가 있습니다.

회계 지식 역시 돈의 흐름에 대한 정보를 제공해주므로 여러분의 인생에 꼭 필요한 순간이 있을 것입니다. 예를 들어 주식 투자를 위해 관심 있는 기업의 재무적 건강 상태를 확인해야 하는 순간, 취업하기를 희망하는 기업이 연봉을 많이 주는 좋은 기업인지를 살펴보기 위해 재무적 건강 상태를 확인해야 하는 순간, 또는 나와 배우자의 재무적 건강 상태를 확인해야 하는 순간이 있을 것입니다. 이렇게 여러분이 인생에서 돈의 흐름과 관련 있는 재무적 건강 상태를 확인해야 하는 순간, 분명히 회계 지식이 도움이 될 것입니다.

재무 지식도 여러분의 인생에 분명 도움이 될 것입니다. 재무는 일상에서 효율적으로 돈을 관리하고, 건강한 재정적 미래를 계획하기 위한 필수적인 지식입니다. 재무를 이해하면 예산을 세워 돈을 관리하고, 저축이나 금융 상품과 같은 여러 투자 옵션을 이해하고, 결혼이나 주택 구입과 같이 중요한 인생 이벤트에 효과적으로 대처할 수 있습니다. 이자와 부채에 대해서도 잘 이해할 수 있고, 보험의 정보를 판단할 수 있으며, 은퇴 계획을 세우는 데도 도움이 됩니다. 자산 가치를 올바르게 판단해 더 나은 재정적 안녕을 얻을 수 있는 삶의 기술로 활용할 수 있습니다.

어때요? 언젠가는 경영학이 필요한 순간을 꼭 만날 것 같다는 느낌이 들지 않나요? 그때 이 책이 여러분에게 도움이 되기를 바랍니다.

결국 경영학은 회사의 언어가 아니라 삶의 언어입니다. 여러분이 맞닥뜨릴 선택의 순간마다, 경영학은 더 나은 길을 보여줄 것입니다. 그러니 두려워하지 말고 당당하게 도전하세요. 분명 여러분은 스스로의 삶을 멋지게 경영해나갈 수 있을 것입니다.

"경영학은
회사의 언어가 아니라
내 삶의 언어,
선택의 순간마다
더 나은 길을 보여준다!"

마케팅부터 인사조직, 회계와 재무까지

14살의 CEO 수업

제1판 1쇄 인쇄 | 2025년 12월 16일
제1판 1쇄 발행 | 2025년 12월 23일

지은이 | 천성용, 전정호, 김상헌, 김병모
펴낸이 | 하영춘
펴낸곳 | 한국경제신문 한경BP
출판본부장 | 이선정
편집주간 | 김동욱
책임편집 | 마현숙
교정교열 | 박선영
저작권 | 백상아
홍보마케팅 | 김규형·서은실·이여진·박도현
디자인 | 이승욱·권석중

주   소 | 서울특별시 중구 청파로 463
기획편집부 | 02-360-4556, 4584
홍보마케팅부 | 02-360-4595, 4562   FAX | 02-360-4837
H | http://bp.hankyung.com   E | bp@hankyung.com
F | www.facebook.com/hankyungbp
등   록 | 제 2-315(1967. 5. 15)

ISBN 978-89-475-0224-5 43320